AQA French

Exclusively endorsed by AQA

A2

Fran Hall
Leah Knight 13JMC
Abi Polding 13JFL
Rosa Brunskill 13JBA
Lizzie Dunn 13RHE
Ellen Brown 13DJO

Elaine Armstrong
Lol Briggs
Steve Harrison
Joelle Saunders

Nelson Thornes

Published in 2009 by:
Nelson Thornes Ltd
Delta Place
27 Bath Road
CHELTENHAM
GL53 7TH
United Kingdom

09 10 11 12 13 / 10 9 8 7 6 5 4 3 2

A catalogue record for this book is available from the British Library

978-0-7487-9808-7

Illustrations by: Mark Draisey, Stephen Elford, Eric Smith

Page make-up by eMC Design, www.emcdesign.org.uk

Printed and bound in Spain by GraphyCems

Contents

La société multiculturelle

Introduction

Nelson Thornes has worked in partnership with AQA to ensure this book and the accompanying online resources offer you the best support for your GCSE course.

All resources have been approved by senior AQA examiners so you can feel assured that they closely match the specification for this subject and provide you with everything you need to prepare successfully for your exams.

These print and online resources together **unlock blended learning**; this means that the links between the activities in the book and the activities online blend together to maximise your understanding of a topic and help you achieve your potential.

These online resources are available on  which can be accessed via the internet at **http://www.kerboodle.com/live**, anytime, anywhere. If your school or college subscribes to this service you will be provided with your own personal login details. Once logged in, access your course and locate the required activity.

For more information and help visit **http://www.kerboodle.com**

Icons in this book indicate where there is material online related to that topic. The following icons are used:

💡 *Learning activity*

These resources include a variety of interactive and non-interactive activities to support your learning.

✅ *Progress tracking*

These resources include a variety of tests that you can use to check your knowledge on particular topics (Test Yourself) and a range of resources that enable you to analyse and understand examination questions (On Your Marks...).

📑 *Study skills*

This icon indicates a linked worksheet (*Feuille*), available online to print out, with activities to develop a skill that is key for language learning, such as expressing opinions in a debate.

🎧 *Audio stimulus*

This indicates that audio material for listening activities can be found online.

🎙 *Audio record*

This indicates one of two types of tool that help you develop your speaking skills – either a free-speech recording tool that you can use with speaking activities, or an audio roleplay tool that enables you to interact with pre-recorded native speakers.

📺 *Video stimulus*

This indicates where audio-visual material can be found online to support listening and other activities.

🔍 *Research support*

This icon appears in chapter 10, the cultural topic, and directs you to online features that are designed to help you develop your research skills.

How to use this book

This book covers the specification for your course and is arranged in a sequence approved by AQA. The ten chapters are arranged in the same sequence as the topics and sub-topics in the AQA specification, so there is always a clear link between the book and the specification. At the beginning of each section you will find a list of learning objectives that contain targets linked to the requirements of the specification.

The features in this book include:

Le saviez-vous?

An anecdotal insight into facts/figures relating to each sub-topic.

Pour commencer

An introductory feature designed as an accessible starter activity for each chapter.

Grammaire

Summary grammar explanations and examples, linked to online worksheets containing fuller explanations and exercises.

(A grammar section can also be found at the back of this book.)

Compétences

This 'skills' heading directs you to online worksheets that help build key language learning strategies.

Vocabulaire

The most challenging new items of vocabulary from the reading texts on each spread are translated in these boxes.

Expressions clés

Key words and phrases designed to give you prompts for productive tasks.

Résumé

A summary quiz that tests key language learnt in each chapter (also available as a multiple-choice version online).

AQA Examiner's tips

Hints from AQA examiners to help you with your study and to prepare for your exam.

Vos enquêtes

Ideas for further research into the themes introduced in the cultural topic (chapter 10).

WebQuest

Web-based investigation tasks that explore some areas of the cultural topic in greater depth.

Web links in the book

As Nelson Thornes is not responsible for third party content online, there may be some changes to this material that are beyond our control. In order for us to ensure that the links referred to in the book are as up-to-date and stable as possible, the websites are usually homepages with supporting instructions on how to reach the relevant pages if necessary.

Please let us know at **kerboodle@nelsonthornes.com** if you find a link that doesn't work and we will do our best to redirect the link, or to find an alternative site.

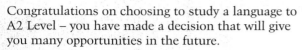

A message to students

Congratulations on choosing to study a language to A2 Level – you have made a decision that will give you many opportunities in the future.

Good foreign language skills are in short supply and can be used in many different jobs. Translating, interpreting and the travel industry obviously require linguists, but so too do many other areas of employment – financial services, marketing, engineering, logistics and journalism to name just a few. Or maybe you will use your language skills and understanding of French culture to make your holidays more enriching and enjoyable. Either way, there are many benefits of learning one or more languages to an advanced level.

The new AQA specification in modern languages has been designed to provide a coherent and stimulating course of study, whether as an end in itself or as a stepping stone towards further study at university. The topics have been carefully chosen to enable clear progression and to address your needs and interests as A2 Level students.

In the examination you will be tested in the four essential skills of listening, reading, speaking and writing, including open-ended tasks that require you to express and justify opinions. You will also be tested on your understanding and application of French grammar and structures. In addition, the A2 course gives you the opportunity to explore a variety of themes relating to French culture. This book presents in chapter 10 two contrasting case studies for each of five themes specified by AQA. You can use these studies as starting points for your own research.

This course with its innovative online component has been compiled by experienced teachers and examiners to help you to prepare for the examination with confidence and make the most of your abilities.

The book is clearly laid out to match the topics and sub-topics in the AQA specification. Each sub-topic is presented through a range of texts, recordings and visual material, with new vocabulary introduced and highlighted where appropriate. Essential grammar points are explained clearly and 'skills' features direct students to online support that gives guidance on how to use the language like a native speaker. Open-ended speaking and writing tasks enable you to apply the new vocabulary and structures that you have learnt, including some more challenging tasks designed to extend your skills.

The online component provides additional stimulus material and support for activities in the book, as well as a range of interactive exercises and printable worksheets which you can use both independently and in class. The exercises provide plenty of practice of the grammar and structures presented in the book, together with topic-based activities that will help you prepare for the question types used in Units 3 and 4 of the examination. At the end of each sub-topic you will be able to test yourself through a multiple-choice quiz, focusing again on key vocabulary and structures, and at the end of each topic exam-style questions help you to practise answering the types of questions you can expect in the examination. A new feature for A2 is the inclusion of WebQuests, web-based investigative tasks, within the cultural topic. The WebQuests will enable you to use the internet in a structured way to explore those aspects of French culture that interest you most.

AQA and Nelson Thornes hope that you will find your language study rewarding and enjoyable, and we wish you success for A2 and beyond.

Paul Shannon

AQA Senior Examiner

L'environnement

1 La pollution

By the end of this chapter you will be able to:

	Language	Grammar	Skills
A **La pollution: fléau de la planète**	■ talk about different types, causes and effects of pollution	■ use present and past tenses of the passive voice	■ formulate questions
B **Comment réduire la pollution?**	■ explore measures to reduce pollution ■ discuss individual and collective action	■ use modal verbs	■ express your own views
C **Le transport**	■ describe transport issues related to pollution	■ use the present subjunctive	■ present alternatives

■ Le saviez-vous?

5,75 millions de véhicules: production totale des constructeurs français en 2003, soit près de 10 % de la production totale mondiale.

Dans le monde entier, 3,65 milliards de tonnes de déchets issus de véhicules seront générés entre maintenant et 2030. De quoi remplir plus de 1000 fois le stade de Wembley.

Pour commencer

1 « La moitié de nos besoins provient des énergies fossiles: le pétrole et le gaz. » Choisissez la phrase équivalente:
  a Half our energy needs come from fossils in oil and gas.
  b We need half of our energy to come from fossil fuels.
  c Half of our energy comes from fossil fuels.

2 Donnez un exemple de combustible fossile.

3 Quel est l'intrus?
  a les déchets industriels
  b la pollution atmosphérique
  c les calottes glaciaires

4 Complétez la phrase: La déforestation...
  a est indispensable à la vie.
  b signifie moins d'oxygène.
  c crée l'habitat idéal pour les animaux.

5 Devinez le pourcentage du taux de recyclage des emballages ménagers en France.
  a 50%   b 43%   c 61%

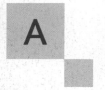

A   La pollution: fléau de la planète

1 a Traduisez en anglais une phrase de la Charte.

b Prenez le mot POLLUTION. A l'aide d'un dictionnaire, trouvez pour chaque lettre un mot lié au thème de l'environnement. Puis trouvez trois autres mots associés au premier!

Exemple: _____

P = pluie ⟶ inondation

climat   vent

La pollution par les déchets en France

La gestion des déchets coûte de plus en plus cher. En gros, chaque Français paie 120 euros par an pour faire traiter ses poubelles.

Que contiennent les poubelles françaises?

360 kilos d'ordures ménagères sont produits par personne par an, dont:

29 % de déchets putrescibles
25 % de papiers et cartons
13 % de verre
11 % de plastique
 5 % de métaux
17 % de bois, textiles et divers

Les types de pollution et leurs causes

La pollution est un phénomène relativement récent; depuis l'ère industrielle. D'où vient la pollution?

Dans l'air, la pollution atmosphérique vient de la croissance de la consommation d'énergie, du développement des industries, de la circulation routière et aérienne, de l'incinération des ordures ménagères, des déchets industriels, des chauffages des maisons, des fumées des centrales électriques au charbon ou au gaz.

La pollution de l'eau: les océans, les mers et les rivières du monde sont pollués. C'est le résultat d'accidents de pétroliers, de déchets industriels et agricoles, d'égouts, de rejets de navires ou de naufrages. Des maladies chez les végétaux, les animaux et les hommes ont été provoquées par la pollution. Elle peut rompre l'équilibre naturel de certains écosystèmes, voire les détruire.

© *Extraits de L'Ecologuide de A à Z (2004), Fondation Nicolas Hulot pour la Nature et l'Homme, www.fnh.org*

Vocabulaire

putrescible *biodegradable*
l'ère industrielle *industrial era*
la circulation routière *road traffic*
les ordures ménagères *household waste*
un égout *sewer*
le navire *ship*
le naufrage *shipwreck*
rompre *to break, to upset*
voire *indeed, even*

grimper *to climb*
le réchauffement *warming*
la fonte des calottes glaciaires *melting of the ice caps*
la sécheresse *drought*
bouleverser *to upset*

2 a **Lisez les textes. Faites correspondre les expressions équivalentes.**

i	l'ère industrielle	a	les déchets
ii	la croissance	b	l'utilisation de transport
iii	la consommation	c	casser
iv	la circulation	d	les canalisations pour l'écoulement
v	les ordures ménagères	e	la période où on commence les techniques industrielles
vi	les égouts	f	les bateaux
vii	les usines	g	l'augmentation
viii	les navires	h	les endroits où on fabrique des choses
ix	un naufrage	i	l'utilisation
x	rompre	j	un bateau brisé

b **Faites des recherches!**
Est-ce que les déchets ménagers chez vous ressemblent à ceux des Français? Ecrivez 50 mots.

Les effets de la pollution

Depuis le début du 20ème siècle, la courbe des températures n'a pratiquement pas cessé de grimper et la concentration de CO_2 suit une évolution quasi parallèle à celle des températures. Conséquences? Le réchauffement climatique planétaire, une élévation moyenne du niveau des océans, la fonte des calottes glaciaires, sécheresse, montée des eaux. Le visage de notre planète est bouleversé par ces changements climatiques. En conséquence, les canicules, sécheresses, inondations et tempêtes devraient augmenter en intensité et en fréquence.

Les glaciers de montagne constituent un indicateur clé des impacts. En Europe, entre 1850 et 1980, les glaciers alpins ont perdu un tiers de leur surface. Depuis 1980, encore 20 à 30 % de la glace restante a disparu. Si la tendance au réchauffement se poursuit, 95 % des glaciers alpins et la totalité des glaciers pyrénéens pourraient disparaître au cours des cent prochaines années.

La mer de glace près de Chamonix

3 Lisez l'article et choisissez les bonnes fins de phrase.

i La courbe des températures…

ii La rapidité de la montée des températures est due…

iii Le réchauffement climatique…

iv Avec la dégradation de la biodiversité on voit…

v On a vu…

vi La totalité des glaciers pyrénéens…

a la perte et les changements des organismes vivants.

b risque de ne plus exister.

c n'a cessé de grimper depuis le début du 20ème siècle.

d se multiplier les inondations.

e à la concentration de CO_2.

f bouleverse notre planète.

4 🎧 Ecoutez l'entretien et notez les détails suivants.

i L'effet de serre ressemble à:

ii La température moyenne à la surface de la Terre **avec** et **sans** l'effet de serre naturel:

iii Trois exemples de gaz naturels:

iv Conséquences du réchauffement:

v La raison du réchauffement:

5 💡🎧 Ecoutez le reportage et faites les activités interactives.

6 💡 Inondations au Mexique. Ecrivez 10 questions à poser à un journaliste sur place. (Feuille)

7 💡 A l'oral, présentez le problème de la pollution en considérant les aspects suivants (Feuille):

- ce qu'on constate depuis l'ère industrielle
- les causes de la pollution de l'air et de l'eau
- ce que vous pensez du problème des déchets

Les efforts de l'armée ont été redoublés pour aider les centaines de milliers de sinistrés

Expressions clés

La pollution est un phénomène qui existe depuis l'ère industrielle.

Les chiffres indiquent un lien entre les émissions de CO_2 et le réchauffement de la terre.

Le réchauffement de la terre est lié aux activités de l'homme.

C'est l'effet de serre qui accélère le réchauffement de la terre.

La pollution atmosphérique vient des fumées émises par les centrales électriques au charbon ou au gaz.

Concernant la pollution de l'eau, on pourrait citer les accidents de pétroliers, les déchets industriels et agricoles et les égouts.

Les déchets ménagers posent un problème.

Avec quelques degrés de plus, le niveau des océans s'élève et le littoral est couvert d'eau.

La planète est bouleversée par les changements climatiques.

Les régions sont dévastées par les inondations, les vents et les pluies.

Grammaire

The passive – *le passif*

The passive voice describes an event without necessarily mentioning who is responsible for it. It is formed using the auxiliary verb **être** (in the appropriate tense) and a past participle. The past participle agrees in number and gender with the subject. See page 116 for more details.

*La récolte **a été** totalement **détruite**.*
(The harvest has been destroyed – *la récolte* is feminine and singular.)

Comment réduire la pollution?

1 Une pollution affligeante:
18 milliards de sacs plastiques sont distribués par an,
10 milliards ne sont pas recyclés.
Quel geste pourriez-vous adopter? Liez les expressions des deux colonnes.

Si je prends l'exemple...		je pourrais...	
a	de l'éclairage	i	favoriser les transports en commun.
b	du jardin	ii	choisir des produits locaux.
c	du chauffage	iii	ne pas utiliser la mise en veille.
d	des déchets	iv	refuser les traitements chimiques.
e	du transport	v	éteindre la lumière en quittant la pièce.
f	des appareils électriques	vi	trier mes déchets.
g	des courses	vii	isoler mon logement.

L'environnement – c'est un grand souci pour nous

Anne

Je pense à l'environnement chaque fois que je fais une balade à la campagne. La forêt est une chaîne vivante; il est très important de ne rien déranger. Moi, j'habite en Bretagne et ce qui me préoccupe, c'est toute la côte. Des milliers de tonnes de déchets toxiques sont rejetés directement en mer par l'industrie.

Thierry

Moi, je trouve formidable la création d'un "Grenelle environnement" qui vise à mobiliser les Français autour des questions liées à l'environnement et à forger une véritable politique de l'environnement. Sur la scène internationale, la lutte contre le changement climatique fait l'objet d'un engagement très ferme de la France et de l'Europe dans la perspective de l'après-Kyoto.

Didier

Je fais partie de Greenpeace. Moi, je trouve qu'il est important de trouver des solutions écologiques. Greenpeace a 3 000 000 adhérents répartis dans 40 pays du monde. Après plusieurs années de lutte, l'organisation a obtenu, pour l'Europe, la fin des campagnes de pêche avec filets dérivants (que l'on nomme également "les murs de la mort").

Catherine

Moi, je pense à l'environnement quand je fais mes courses. Le rôle de la grande distribution est primordial. Des lois essaient d'améliorer la situation mais c'est avant tout à chaque citoyen de prendre conscience du danger et de changer de mentalité. Je suis sensible aussi aux transports routiers et j'essaie d'acheter des produits locaux.

Vocabulaire

la balade *walk*

déranger *to disturb*

un adhérent *member*

le Grenelle *"round table" to bring organisations together*

viser à *to aim at*

lié à *linked to*

primordial *very important, fundamental*

sensible à *aware*

2 a Lisez l'opinion de quatre jeunes. C'est qui?

   i   Qui s'occupe du littoral?

   ii Qui parle d'un accord international?

   iii Qui se penche sur les problèmes de l'environnement dans la nature?

   iv Qui est impressionné par les mesures gouvernementales concernant l'environnement?

   v Qui pense aux activités journalières?

   vi Qui est attiré par les grands problèmes planétaires?

   vii Qui estime qu'il faut changer les mentalités des gens?

  b Et vous? Répondez aux questions.

   i   Vous vous intéressez à quel aspect de l'environnement? Pourquoi?

   ii Que faites-vous pour protéger l'environnement?

   iii Que pensez-vous de Greenpeace?

   iv Selon vous, qu'est-ce qu'un bon citoyen devrait faire?

3 a 🎧 Ecoutez l'extrait d'une émission et notez le numéro des gestes mentionnés.

i Il faut éteindre les appareils électriques.

v Il faut fermer le robinet quand on se brosse les dents.

ii Il faut choisir des appareils économes.

vi Il faut prendre une douche rapide.

iii Il faut favoriser l'usage des trains.

vii Je conduis à une vitesse adaptée.

iv Il faut éviter les emballages inutiles.

viii Je regarde les étiquettes sur les emballages.

b Ecrivez des phrases pour décrire quels gestes vous et votre famille pourriez adopter.

4 💡🎬 Regardez la vidéo et faites les activités interactives.

5 💡 Discutez à deux: Chaque image vous fait penser à quoi par rapport à la pollution? Persuadez deux autres personnes que votre point de vue est le bon.

6 a 💡 (Feuille) Ecrivez ce que chaque individu devrait faire pour...

- réduire sa consommation d'énergie
- réduire les déchets
- sauvegarder la nature

b Donnez votre opinion sur le rôle des organismes et du gouvernement.

Expressions clés

On doit* lutter pour / contre le gaspillage.

On devrait* trier les déchets.

Il vaudrait* mieux résoudre les problèmes de transport.

Il ne faut pas* gaspiller l'eau.

Il est primordial de protéger les océans.

Il est important de sauvegarder une agriculture saine.

Il est impératif qu'on trouve des solutions concernant les emballages.

Ce qui me préoccupe, c'est le littoral parce que...

Préserver la nature est une urgence pour la survie de...

Une amélioration des transports est nécessaire.

Ne pas gaspiller l'énergie, c'est un défi.

L'habitat subira des conséquences désastreuses.

*see modal verbs, present page 110, conditional page 113

🔄 Compétences

Express your own views

Useful expressions for putting across your own viewpoint:

Je pense à l'environnement quand...

Ce qui me préoccupe, c'est...

Je me penche sur le problème de l'environnement quand...

Ce problème attire mon attention:...

Je suis conscient(e) du problème de...

Je privilégie l'achat de produits locaux.

Pourquoi ne pas considérer...?

C Le transport

transport routier de passagers

transport ferroviaire

transport maritime

transport aérien

transport routier de marchandises

1 **a** Ecrivez des phrases pour montrer que vous comprenez chaque mode de transport à gauche.

Exemple: _____

Transport routier de passagers: moi, je voyage en voiture quand je fais les courses avec ma mère.

_____

b Mettez, selon vous, les cinq moyens de transport dans l'ordre croissant de leur consommation d'énergie.

Le défi des transports

L'automobile a changé le monde, voyager en avion est devenu produit de consommation courante. Le nombre de porte-conteneurs sur les océans augmente, les camions sur les autoroutes s'allongent. Tout cela veut dire une consommation de produits pétroliers énorme avec *des conséquences environnementales dramatiques:* cinq milliards de tonnes de CO_2 émises par an (émissions importantes de gaz à effet de serre), fragmentation et disparition des milieux naturels et pollutions locales.

Solutions

Il faudrait que nous réduisions nos besoins de transports par un meilleur urbanisme. En France, un tiers des camions circulent à vide.
Il est important que nous changions les véhicules pour qu'ils soient beaucoup moins gourmands en énergie (adaptation des puissances, carburants alternatifs).

Il est primordial qu'on sache modifier les modes de transport en fonction des usages. On pourrait confier les marchandises au ferroviaire, au fluvial et au maritime et transporter les passagers différemment en ville (transports en commun, vélos, véhicules légers).

2 **a** Lisez le texte et trouvez l'équivalent des expressions suivantes:

i   le fret en mer
ii un véhicule routier qui transporte les marchandises
iii un plan pour gérer une ville
iv les véhicules qui roulent sans être chargés
v   plus respectueux vis-à-vis des carburants
vi les véhicules qui ne consomment pas autant
vii les différents moyens d'utiliser les transports

b Reliez les moitiés de phrases.

i   prendre l'avion
ii   Les transports
iii Les émissions de gaz à effet de serre ne sont
iv   Il faudrait trouver des moyens de
v   Les solutions écologiques devraient
vi   Un urbanisme stratégique

a qu'une conséquence parmi d'autres.
b être favorisées.
c est primordial.
d sont en hausse.
e est devenu très commun.
f réduire nos besoins.

Vocabulaire

gourmand *greedy*
sache: *subj. of savoir know*
confier à *to entrust*
ferroviaire *using rail*
fluvial *using rivers*

bannir *to banish*
nuisible *harmful*
élaborer *to set out*
puissant *powerful*
atteigne: *subj. of atteindre reach*
avoir la cote *to be very popular*

Est-ce qu'on voit une révolution des transports urbains?

Est-ce qu'il est possible de bannir la voiture, nuisible à la santé et à l'environnement, pour favoriser d'autres modes de déplacement? Ce qui se passe en France, c'est que ce sont les lois qui poussent les villes à élaborer leurs plans de déplacements urbains (PDU): ça veut dire organiser la circulation, le stationnement, le déplacement des personnes et des marchandises. Bien sûr, des résistances existent, notamment à cause d'un lobby automobile puissant.

A Paris un ambitieux plan a été adopté pour que la part des transports collectifs, taxis, vélos et marche atteigne 80% des trajets en 2013. Pour le faire: augmenter l'offre de transports en commun. Une ligne souterraine de transport en commun autour de Paris est envisagée avec plus de métros, de trams et de bus, et une ligne fluviale sur la Seine. La plupart des grandes villes développent leurs transports en commun et le tram a la cote.

3 a **Lisez le texte et répondez aux questions.**

  i Expliquez le terme PDU.

  ii Qui est contre? Pourquoi?

  iii Quel est l'objectif de la ville de Paris?

  iv Comment va-t-on réaliser cet objectif?

  b **Pourrait-on bannir les voitures en ville? Ecrivez cinq phrases pour et cinq phrases contre.**

4 🎧 **Ecoutez le texte et écrivez V (vrai) ou F (faux). Corrigez les phrases qui sont fausses.**

  a Vélo'v est un système de location de vélo gratuit.

  b A Lyon 3 000 vélos sont distribués sur 205 stations.

  c Le système à Lyon a généré plus de 5,5 millions de locations la première année du lancement.

  d Une seule compagnie est intéressée par la signature de contrats.

  e Le maire de Paris aimerait avoir le même système pour les voitures mais ce n'est pas possible.

5 💡🎧 **Ecoutez le reportage sur Paris et faites les activités interactives.**

6 a 💡 **A deux, présentez les bénéfices des différents moyens de transport en ville: bus, tram, vélo, voiture, etc. (Feuille)**

  b **A deux: que va-t-il se passer si on ne change pas nos habitudes?**

  c **A deux, choisissez un moyen de transport à privilégier.**

7 💡 **A l'écrit: décrivez les moyens de transport à Paris. Expliquez comment on essaie de gérer la pollution. Faites une comparaison avec votre ville et évaluez la situation. (Feuille)**

8 💡✎ **Ecoutez le dialogue et enregistrez vos réponses.**

💡 Grammaire

The subjunctive – *le subjonctif*

Used to express emotive language, such as necessity, obligation, possibility, doubt, fear, regret, happiness. For example, it is used after these phrases:

Il est essentiel que...
Il est important que...
Je doute que...   J'ai peur que...
Il est dommage que...
Je suis heureux que...

It is also used after *il faut que, il vaudrait mieux que,* and some conjunctions such as *bien que, pour que, afin que, sans que.*

See pages 114–5.

Expressions clés

J'aimerais proposer que...

Il faudrait que nous réduisions nos besoins en transport.

Il est important que les véhicules ne soient pas si gourmands en énergie.

On devrait commencer à privilégier les transports en commun.

On pourrait confier les marchandises aux transports ferroviaires.

Il est primordial qu'on sache modifier les modes de transport en fonction des usages.

Il est souhaitable qu'on...

Il s'agirait d'utiliser...

Je voudrais que nous soyons plus intelligents en ce qui concerne...

Je ne crois pas qu'on puisse continuer à utiliser la voiture comme on le fait maintenant.

Now you should be able to:

- talk about different types, causes and effects of pollution
- explore measures to reduce pollution
- discuss individual and collective action
- describe transport issues related to pollution

Grammar

- use present and past tenses of the passive voice
- use modal verbs
- use the present subjunctive

Skills

- formulate questions
- express your own views
- present alternatives

✓ Résumé

1 Expliquez la phrase:

L'environnement est le patrimoine commun des êtres humains.

2 Mettez au passif:

On a annulé les vols.

3 C'est quel phénomène?

L'homme utilise l'énergie et la quantité de CO_2 dans l'atmosphère augmente, provoquant le réchauffement de la terre.

4 Mettez les mots dans le bon ordre:

L'ozone gaz une contre forme couche ultraviolets les est rayons protectrice un qui

5 Complétez la phrase:

Je pense à l'environnement, donc je…

6 Utilisez le subjonctif:

Il faut qu'on …… (**mettre**) un terme à la destruction de l'environnement. Pour que les gens …… (**être**) mobilisés autour des questions écologiques, je veux qu'on …… (**prendre**) des mesures sur les transports.

7 Faites une phrase, en changeant la forme des mots si nécessaire:

falloir réduire l'usage voiture favoriser transport lois élaborer plans de déplacement

8 Formulez une question pour la réponse:

Ce qu'on voit maintenant, ce sont des Vélib' à Paris.

9 Faites une comparaison (**moins / plus / aussi**):

Lyon: 3 000 vélos, 250 stations – les transports collectifs
autre ville: 2 000 vélos, 250 stations

10 Traduisez en français:

It is essential that society understands the importance of the environment.

AQA Examiner's tips

Listening
Look at the **title of the passage** – it will give you an idea of the content and will encourage your brain to think of relevant vocabulary.

Speaking
Study your two cards briefly and choose the one that will give you **most to talk about**.

Reading
Read each question and **follow instructions** correctly. Make sure you answer in the **right language**, French or English!

Writing
If you don't know the exact word you need, use a **similar** one.

L'environnement

2   L'énergie

By the end of this chapter you will be able to:

	Language	Grammar	Skills
A Les énergies non renouvelables	■ talk about the different sources of fossil fuels ■ discuss the role of nuclear energy in France	■ revise present tense endings	■ debate controversial issues
B Les énergies renouvelables	■ discuss the need for renewable energy sources	■ revise present and conditional forms (to express necessity)	■ express necessity, consequence and contrast
C Les attitudes changeantes	■ explore changing attitudes to energy consumption	■ use verbs followed by an infinitive	■ evaluate lifestyle using alternative forms of energy

Le saviez-vous?

Dans la maison,
1 degré de moins = 7% de consommation énergétique en moins.

1 degré de moins pour tous économiserait l'équivalent de la consommation annuelle de Marseille.

Le point commun entre un rouge à lèvres, du goudron et un chewing-gum, c'est qu'ils sont tous faits avec du pétrole.

Pour commencer

1. Comment traduire "la politique énergétique" en anglais?

2. Que faut-il faire pour réduire les gaz à effet de serre?
   a augmenter l'usage du pétrole˙
   b diminuer l'usage du charbon
   c bannir l'effet de serre

3. Traduisez en anglais:
   Le réchauffement climatique est devenu un enjeu majeur.

4. Que faut-il avoir pour ces énergies?
   a l'éolien
   b l'hydraulique
   c le solaire

5. Quelle est votre réaction à la phrase suivante?
   « La nature a mis 250 millions d'années pour fabriquer le pétrole. Nous sommes capables de l'épuiser en moins de cent ans. »

pétrole
34,3%

nucléaire 6,5%

énergies
renouvelables
13,3%

charbon
25%

gaz
20,9%

*Les sources d'énergie
les plus utilisées au monde*

1 Lisez le graphique et le texte et répondez aux questions oralement.

a Quelle source d'énergie est la plus utilisée au monde?

b Quelle est la source d'énergie la moins utilisée au monde?

c Quel pays européen favorise la source d'énergie la moins utilisée et pourquoi à votre avis?

L'offre d'énergie en France

La France est pauvre en énergies fossiles contrairement à plusieurs pays européens bénéficiant de matières premières (charbon en Allemagne et en Espagne, pétrole, gaz et charbon au Royaume-Uni, gaz au Pays-Bas, hydraulique en Suisse, etc.). La France est le deuxième producteur d'énergie nucléaire au monde derrière les Etats-Unis.

Les énergies non renouvelables

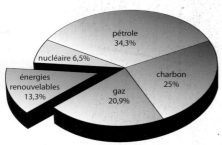

Le pétrole, le gaz naturel et le charbon sont des énergies fossiles et sont à la base de l'électricité issue des centrales thermiques. La nature a mis 250 millions d'années pour fabriquer le pétrole et nous sommes capables de l'épuiser en moins de cent ans. Regarder la télé, jouer sur l'ordinateur, mettre le chauffage, prendre sa voiture, tous ces gestes quotidiens consomment de l'énergie. Bien plus de la moitié de nos besoins en énergie provient des énergies fossiles. Mais aujourd'hui ces ressources connaissent une flambée des prix, du fait de leur raréfaction et d'une explosion de la demande mondiale, notamment des pays émergents comme la Chine et l'Inde.

La politique énergétique de la France maintient l'option nucléaire pour les trente ans à venir, mais le nucléaire divise toujours. Le nucléaire produit une énergie très concentrée (un gramme d'uranium produit autant d'énergie qu'une tonne de charbon) et en plus ne rejette pas de gaz polluants dans l'atmosphère. Les déchets radioactifs produits sont dangereux, car ils émettent des rayons qui peuvent être mortels pour l'Homme. Leur nocivité diminue au cours du temps mais ne devient négligeable qu'au bout de dizaines, de centaines de milliers, voire de millions d'années, selon le type de déchets produits. Dans tous les pays où on utilise l'énergie nucléaire, on cherche activement des solutions pour traiter les déchets sur le long terme.

© Extraits de L'Ecologuide de A à Z (2004), Fondation Nicolas Hulot pour la Nature et l'Homme, www.fnh.org

2 a Lisez l'extrait et faites correspondre les deux parties des phrases.

i	Nos besoins d'énergies...	a	provient des énergies fossiles.
ii	On prévoit...	b	deviennent très chers.
iii	Plus de 50% de nos besoins énergétiques...	c	ne cessent d'augmenter.
iv	Les combustibles fossiles...	d	soit débattu reste une option énergétique.
v	Le nucléaire même qu'il...	e	la fin des énergies fossiles.

b Relisez l'extrait et notez les cinq phrases les plus significatives selon vous. Expliquez votre choix à la classe.

Exemple: _____

La politique énergétique de la France maintient l'option nucléaire pour les trente ans à venir, mais le nucléaire divise toujours. – *I find this interesting because I know some countries do not want to continue with the nuclear option.*

Vocabulaire

croître *to grow*

le pétrole *oil*

l'épuisement *exhaustion, running out*

épuiser *to use up*

quotidien *daily*

une flambée des prix *price hike*

la raréfaction *scarcity*

la politique énergétique *energy policy*

la nocivité *noxiousness*

3 🔅🎧 Ecoutez le reportage sur les combustibles fossiles et faites les activités interactives.

Amandine

Julie

Laurent

4 a 🎧 Ecoutez ce que disent trois personnes sur l'énergie nucléaire. C'est qui? Laurent, Amandine ou Julie?

  i   Les coûts vis-à-vis de cette source d'énergie pourraient devenir beaucoup plus importants.
  ii   La politique énergétique a été formée par les expériences du passé.
  iii   La France ne veut pas être dépendante de l'étranger pour son approvisionnement en énergie.
  iv   Cette personne est craintive lorsqu'il s'agit du nucléaire.
  v   La France ne suit pas la même politique énergétique que les autres pays européens.
  vi   On prévoit des systèmes pour mieux surveiller l'industrie nucléaire.

  b **Répondez aux questions. Trouvez des raisons ou des justifications si possible.**

  i   1973 est une date clé. Pourquoi?
  ii   Présentez un argument pour le nucléaire.
  iii   Présentez un argument contre le nucléaire.

5 🔅 **Travail de groupe: débat. (Feuille)**
Prenez le point de vue des personnes suivantes:

  • une personne qui est pour le nucléaire
  • une personne qui vit à côté d'une centrale (thermique ou nucléaire)
  • une personne qui est pessimiste vis-à-vis de l'avenir
  • une personne qui est optimiste vis-à-vis de l'avenir

6 🔅 Ecrivez un article (200 mots) sur votre opinion concernant le nucléaire. Adoptez une position pour ou contre. (Feuille)

🔅 **Grammaire**

The present tense – *le présent*
Writing essays involves frequent use of the present tense.

Endings of regular and irregular verbs require practice and need to be learnt by heart. See tables, page 110.

Check that you know the infinitives of the following present tense verbs from the text on page 18:

sont est sommes provient connaissent maintient rejette émettent devient

---

Expressions clés

Les combustibles fossiles sont à la base du réchauffement de la terre.

Tout le monde est d'accord sur le fait que l'épuisement de nos combustibles fossiles est prévisible car...

Contrairement à ce que certains pensent, moi je préfère le nucléaire.

Du fait que nous épuisons nos combustibles fossiles, il faudrait...

Ceci permettrait...

Ceci détruit...

Ceci provoque / entraîne...

C'est nuisible / néfaste.

Ceci est reconnu...

Jusqu'à présent on considérait le nucléaire comme avantageux.

Mais en raison du coût...

Quant à la rentabilité, il faudrait penser à...

1 Trouvez la bonne définition pour les énergies vertes.

Pour créer de l'énergie avec...

i	les éoliennes	a	on utilise la chaleur du sous-sol de la Terre.
ii	la géothermie	b	on utilise la technique de combustion du bois et des déchets végétaux.
iii	l'hydroélectricité	c	on convertit la force du vent en électricité.
iv	le solaire	d	les rayons du soleil sont captés par des panneaux.
v	la biomasse	e	cette technique utilise la force de l'eau en mouvement.

2 a Lisez *Energies renouvelables* et choisissez trois phrases de la liste (i–vii) qui sont vraies.

Energies renouvelables

Les énergies renouvelables sont issues d'éléments naturels inépuisables: vent, soleil, eau, et matériaux qui peuvent se renouveler comme le bois. Elles s'opposent aux énergies fossiles qui existent en quantité limitée.

L'énergie solaire est constamment utilisable puisque le soleil brillera pendant cinq milliards d'années. Il en est de même du vent, des vagues, de l'eau, et des fleuves.

Aujourd'hui les panneaux solaires photovoltaïques transforment directement les rayons du soleil en électricité. Les capteurs solaires récupèrent la chaleur du soleil. Les éoliennes turbinent le vent et alimentent les réseaux électriques.

L'énergie des chutes d'eau, des marées ou des vagues peut être utilisée pour produire de l'électricité. C'est actuellement la plus efficace des énergies renouvelables exploitées. La chaleur du sous-sol est aussi récupérée dans les installations géothermiques qui utilisent l'eau chaude du sous-sol pour produire de l'électricité ou pour chauffer directement des maisons. La biomasse est également brûlée pour obtenir de la chaleur ou de l'électricité.

La mise en œuvre de certaines énergies renouvelables peut parfois générer des désastres sociaux. La construction de barrages entraîne fréquemment des déplacements de population. L'ouvrage des Trois Gorges en Chine produira autant que dix centrales nucléaires. Mais il aura fallu pour cela inonder 1 000 km² et chasser près de deux millions de personnes. Dans un pays de la taille de la France cela représenterait plus de 60 000 déplacés.

© Extraits de L'Ecologuide de A à Z (2004), Fondation Nicolas Hulot pour la Nature et l'Homme, www.fnh.org

Vocabulaire

inépuisable *inexhaustible*
la vague *wave*
le fleuve *river*
le panneau *panel*
une éolienne *wind turbine*
alimenter *to feed*
la chute d'eau *waterfall*
la marée *tide*
efficace *efficient*
brûlé *burnt*
la mise en œuvre *construction*
le barrage *dam*
entraîner *to bring about*
chasser *to drive out*
la taille *size*

i On met l'accent sur le fait que chaque source d'énergie vient de sources qui s'épuisent.

ii Les énergies fossiles s'épuisent.

iii L'énergie solaire est meilleure que les autres sources d'énergie renouvelables.

iv L'avenir des énergies renouvelables s'annonce bien.

v On explique le fonctionnement de quatre "énergies vertes".

vi Le passage décrit toutes les énergies renouvelables favorablement.

vii La construction de barrages peut avoir un impact négatif.

b Ecrivez des phrases avec vos propres mots sur les idées essentielles du texte.

- Sources des énergies renouvelables
- Un aspect positif de l'énergie solaire
- Un aspect positif de l'usage de l'eau
- Un aspect négatif de l'usage de l'eau

3 a 🎧 Ecoutez le reportage sur les métiers de l'énergie. Vrai ou faux?

i Le nombre de débouchés dans le secteur des énergies renouvelables augmente.

ii Le nombre d'emplois devrait bientôt atteindre les 15 000 salariés.

iii Pour que Francine puisse travailler dans le secteur de l'énergie solaire, il lui a fallu faire une école d'ingénieurs.

iv Francine préférerait un travail sans autant de déplacements.

v Arnaud fait seulement installer des installations frigorifiques.

vi Il faut être au point concernant tous les développements technologiques.

vii Il existe de moins en moins de débouchés dans son secteur de travail.

b 🎧 Réécoutez et trouvez pour chaque personne un aspect positif de leur travail.

4 💡 Lisez le texte (en ligne) et faites les activités interactives.

5 💡 A deux: trouvez pour chaque source d'énergie une définition ainsi qu'un aspect positif et négatif. (Feuille)

a l'énergie éolienne
b la géothermie
c l'hydroélectricité
d le solaire
e la biomasse

Exemple: _____

A: Explique-moi ce que c'est, l'énergie éolienne.

B: Eh bien, c'est quand on convertit la force du vent en électricité. Un aspect positif, c'est que c'est l'énergie renouvelable la moins coûteuse. Le côté négatif, c'est que les éoliennes ne fonctionnent pas quand il n'y a pas de vent.

6 💡 Comparez deux formes d'énergies renouvelables. Recherchez où, en France, on trouverait des exemples. (Feuille)
Pour vous aider, cliquez sur:

http://www.ecologie.gouv.fr/-Biodiversite-et-paysages-.html
http://www.greenpeace.org/france/campaigns/energie-et-climat
http://www.ademe.fr/particuliers/Fiches/climat/rub6.htm
http://www.defipourlaterre.org

Expressions clés

C'est quand on produit...

C'est lorsqu'on crée...

Cette technique utilise...

On convertit...

On construit...

Ceci permet d'utiliser la force du vent.

Les éoliennes offrent la possibilité de produire une énergie propre, tandis que le nucléaire pose le problème des déchets.

On peut produire de l'électricité en captant l'énergie du soleil, alors que le charbon émet du CO_2 dans l'atmosphère.

D'un côté le nucléaire nous donne de l'énergie sans émissions de CO_2, mais d'un autre côté on doit gérer le problème des déchets radioactifs.

🔄 Compétences

Express necessity, consequence and contrast

The following verbs and phrases are useful to express necessity, consequence and contrast. Revise present and conditional forms of verbs such as *on doit/ on devrait*. See pages 110, 113 and 122 (verb tables).

devoir to have to

falloir to be necessary: *il faut* it is necessary, *il faudra* it will be necessary, *il faudrait* it would be necessary, *il fallait* it was necessary

il est nécessaire de it's necessary to

il est nécessaire que... (+ subj.) it's necessary that...

pouvoir to be able to

entraîner to bring about

permettre à quelqu'un de faire quelque chose to allow someone to do something

prévoir to foresee

être l'opposé / le contraire de to be the opposite of

en être de même pour to be the same for

par contre on the other hand

d'un côté... mais d'un autre côté... on the one hand... but on the other hand...

cependant however   *tandis que* whereas   *alors que* while

C   Les attitudes changeantes

1   a   🎧 Ecoutez les suggestions et notez la lettre de celles qui sont mentionnées.

    b   Travail de groupe: pourriez-vous ajouter d'autres initiatives?

2   Lisez le texte et répondez aux questions en français.

Le projet BedZED au sud de Londres, un village écologique

Vocabulaire

diviser *to divide*

souscrire à *to subscribe*

le gaspillage *waste*

relever le défi *to raise the challenge*

étendu *spread out*

le moindre déplacement *the least movement*

lié à *linked to*

le frein *brake*

la croissance *growth*

préconiser *to recommend*

provenir: proviendra de *to come from: will come from*

La solution passe par l'innovation

Pour éviter la catastrophe climatique, le monde doit, d'ici à 2050 diviser par deux ses émissions de gaz à effet de serre. Pour les pays riches, qui peuvent faire davantage d'effort, c'est par quatre qu'il faudrait diviser les émissions en quelques décennies. Un grand nombre de gouvernements dont celui de la France a décidé de souscrire à cet objectif, souvent baptisé "facteur 4". Technologies propres et moins de gaspillages peuvent encore relever le défi. La majorité des climatologues estiment qu'il ne faut pas réchauffer la planète de plus de 2° C par rapport à sa température préindustrielle. Que signifie ces 2° C pour nos activités quotidiennes? Est-ce qu'on pourrait continuer à faire les mêmes choses?

Les villes actuelles sont très étendues: centres commerciaux, zones résidentielles en périphérie, bureaux dans les centres-villes... le moindre déplacement nécessite l'usage de la voiture. Il faut réussir à maîtriser cette consommation d'énergie essentiellement liée aux transports, au chauffage et à l'éclairage public. La solution consiste à regrouper les lieux de vie, de travail, de commerces et de loisirs. Priorité doit être donnée aux piétons et aux cyclistes et aux transports en commun fonctionnant aux énergies renouvelables.

Dans la première partie d'un rapport sur les freins à la croissance, on préconise la création d'une dizaine d'"Ecopolis", cités tournées vers la qualité environnementale, les nouvelles technologies et pouvant accueillir 50 000 habitants. Ces dix villes intégreraient les technologies vertes. L'énergie proviendra de l'éolien et du solaire. Priorité sera également donnée à la réduction de la consommation d'eau et au tri des déchets. Il faudrait encourager les gens à participer à ces actions.

   a   De quoi s'agit-il dans le texte?

   b   Pour sauvegarder notre environnement, que dit-on sur les émissions?

   c   Que disent la majorité des climatologues?

   d   Comment sont les villes actuellement?

   e   Expliquez ce que c'est un écopolis.

Il aura fallu use for example.

3 🎧 Ecoutez trois jeunes exprimer leur opinion sur les écovilles. Lisez les phrases a–f. C'est qui: Julie, Annie ou Franck?

a Il vaudrait mieux améliorer les villes qui existent.

b On en a déjà fait l'expérience dans les années 60 sans succès.

c Il faut encourager les innovations si on veut sauvegarder notre environnement.

d Les gens qui concoivent ces projets ne sont pas ceux qui y vivent.

e Cette personne a déjà vu un bel exemple d'une écoville.

f C'est aussi toutes les facilités qui comptent et pas seulement l'habitation.

4 💡🎧 Ecoutez le reportage sur une ville en Chine et faites les activités interactives.

5 💡 Travail de groupe. Regardez sur la feuille les photos de différentes habitations et posez des questions sur chacune. Présentez les conclusions de votre groupe. (Feuille)

Exemples: _____

Aimeriez-vous habiter dans cet écovillage?

Quels pourraient être les avantages?

Y voyez-vous des inconvénients?

Comment est-ce qu'on vivra à l'avenir, selon vous?

Comment serait votre ville / village idéal(e) sur le plan écologique?

_____

6 💡 Décrivez tous les gestes quotidiens que vous pourriez faire à la maison et dans les lieux publics pour sauvegarder l'environnement. Evaluez s'il y a des différences entre la France et votre pays. (Feuille)

Pour vous aider, cliquez sur: http://www.defipourlaterre.org/agir/

7 💡📷 Energie et conservation: écoutez les questions et enregistrez vos réponses.

Expressions clés

On pourrait baisser la température / prendre une douche plutôt qu'un bain.

Je fais mon compost.

On a déja eu des villes nouvelles sans âme.

A mon avis, il faut développer les petites villes.

Mieux vaut améliorer ce qui existe déjà.

Je me précipiterais pour aller y vivre.

Il faut tirer les leçons du passé.

On veut des quartiers agréables à vivre.

Il faut beaucoup d'espaces verts.

On désire des commerces de proximité.

Il faut bannir la voiture.

💡 Grammaire

Use verbs followed by an infinitive

When two verbs follow each other, the second is in the infinitive. Sometimes before the second verb there is a preposition, either *à* or *de*. (See pages 117–8.)

These are examples of **dependent infinitives** (see page 118):

faire + infinitive (to cause something to happen)
se faire + infinitive (to have something done to yourself)

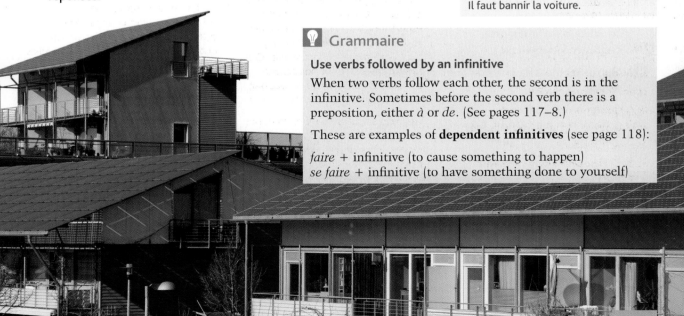

Now you should be able to:

- ▥ talk about the different sources of fossil fuels
- ▥ discuss the role of nuclear energy in France
- ▥ discuss the need for renewable energy sources
- ▥ explore changing attitudes to energy consumption

Grammar

- ▥ revise present tense endings
- ▥ revise present and conditional forms (to express necessity)
- ▥ use verbs followed by an infinitive

Skills

- ▥ debate controversial issues
- ▥ express necessity, consequence and contrast
- ▥ evaluate lifestyle using alternative forms of energy

✓ Résumé

1 Recopiez et remplissez les blancs avec les mots de la case.

Le pétrole est une des énergies ...... L'...... des énergies fossiles est prévisible car leur capacité de ...... est inférieure au rythme de la ...... mondiale.

> fossiles   consommation   renouvellement   épuisement

2 C'est quoi?

C'est une énergie renouvelable. Il faut avoir une nacelle pivotante, des pales, un mât, des ordinateurs et des appareillages électriques.

3 Reliez les secteurs i–iv aux buts a–d.

i   les combustibles fossiles
ii   le transport
iii l'usage efficace à la maison
iv l'industrie propre

a   le carburant mieux utilisé
b   traiter les déchets
c   réduire la partie du fossile
d   efficacité énergétique

4 Mettez les mots dans le bon ordre pour faire une phrase:

> Une   de   4 à 5 minutes   30 à 80 litres   et consomme   un   d'eau   bain   150 à 200 litres douche

5 Traduisez en anglais:

Partout des initiatives se mettent en place, au niveau de l'Etat, mais rien ne peut aboutir sans action individuelle.

6 Choisissez un geste quotidien pour protéger l'environnement:

a   écrire une lettre
b   téléphoner à un ami
c   trier les déchets

7 Expliquez le terme "Ecopolis".

8 Remplissez les blancs avec la bonne préposition.

Il faut s'habituer ...... trier les déchets et penser ...... l'environnement. J'ai décidé ...... faire de petits gestes quotidiens.

9 Traduisez en français:

You build pleasant areas with small blocks of flats. The essential thing is a good public transport network.

10 Lequel est le verbe au présent?

a   choisiront
b   choisissent
c   choisissaient

AQA Examiner's tips

Listening
Listen to the passage all the way through, then go back and pause the recording to answer each question.

Speaking
Make sure you understand the overall content of the card before tackling the printed questions.

Reading
Read the whole text to understand its general meaning before you answer the questions.

Writing
Research sub-topic issues on French websites or in French magazines.

L'environnement

3 Protection de la planète

By the end of this chapter you will be able to:

	Language	Grammar	Skills
A **Comment minimiser les dangers?**	describe the impact of consumerism on the environment and explore how to change behaviour	use interrogative pronouns	recommend future measures
B **Les groupes de pression**	examine the role of pressure groups and their initiatives to promote awareness	use the subjunctive (revisited)	use language to promote a cause
C **Notre responsabilité envers les autres pays**	discuss the need for collaboration and cooperation	use the immediate future and the future tense	express awareness of positive and negative impact

Le saviez-vous?

Seuls 13% des déchets en France sont recyclés.

Un fruit importé par avion consomme 10 à 20 fois plus de pétrole que le même fruit produit localement.

Chaque année, entre 13 et 15 millions d'hectares de forêts tropicales – trois fois la surface de la Suisse – sont coupés.

Pour commencer

1. Qu'est-ce que c'est, une empreinte écologique?
   a une trace d'animal
   b une mesure de votre influence directe sur la nature
   c une brochure sur l'écologie

2. 9000 kms, c'est la distance moyenne parcourue par les composants d'un yaourt (lait, fraises, plastiques) avant de rejoindre nos réfrigérateurs. Qu'est-ce qu'on pourrait faire pour minimiser l'impact sur la nature?

3. Donnez un exemple d'animal menacé d'extinction, par exemple à cause de la chasse ou des activités de l'homme.

4. Comment traduire?
   « Vous pourriez faire un don à notre association. »

5. Comment expliqueriez-vous le terme "la biodiversité"?

Comment minimiser les dangers?

Tracez l'empreinte écologique

Quand on mange une orange, quand on se déplace en véhicule, quand on prend une douche, on consomme des ressources naturelles. Chacun de ces actes s'accompagne d'une consommation de ressources que la planète doit fournir et d'une production de déchets qu'elle doit absorber.

1 a Travail de groupe: mettez dans un ordre logique les étapes de l'empreinte écologique d'un fruit exotique.

   i   l'eau   ii   le travail des gens et des machines   iii   le transport
   iv   l'engrais   v   la réfrigération   vi   l'emballage
   vii   la vente en magasin   viii   la terre pour cultiver

   b Comment pourrait-on minimiser l'impact de cette empreinte? Justifiez vos idées.

Qu'est-ce que l'empreinte écologique?

L'empreinte écologique est une estimation de la surface nécessaire à une personne pour produire ce qu'elle consomme et absorber ce qu'elle rejette. Elle s'exprime en hectares, en terrains de football (c'est plus visuel...) ou en nombre de planètes.

La Terre dispose de 11,3 milliards d'hectares « biologiquement productifs ». Cela constitue sa « biocapacité » actuelle. Si on divise ce chiffre par le nombre d'habitants de la planète, on arrive aujourd'hui à un chiffre situé entre 1,7 et 1,8 ha par habitant. C'est ce que la Terre peut donner à chaque personne de manière équitable (et durable).

Or, en moyenne, chaque individu consomme 2,3 ha. Il y a donc déjà un dépassement de la biocapacité terrestre: nous consommons plus que ce que l'écosystème planétaire peut renouveler. En d'autres termes, nous vivons sur nos stocks... De plus, cette consommation est évidemment très inégalement répartie. Un Européen a une empreinte moyenne de 5 ha, un Américain du Nord de 9,7 ha, un Indien de 0,7 ha...

L'empreinte écologique est donc une mesure non seulement de la durabilité écologique, mais aussi de l'inégalité entre les pays riches et les pays pauvres. En France, l'empreinte écologique moyenne par personne est de 7,3 hectares. C'est-à-dire que si tout le monde était comme le Français moyen, il nous faudrait à peu près trois planètes.

2 a Lisez le texte et les phrases. Ecrivez V (vrai), F (faux) ou N (information non donnée).

   i   Calculer une empreinte écologique est devenu une science exacte.

   ii   L'empreinte écologique est un moyen de calculer l'impact d'un individu sur la planète.

   iii   En gros, chaque individu n'a pas encore dépassé ses limites.

   iv   On va organiser une conférence internationale sur le dépassement de la biocapacité terrestre.

   v   Un Indien a un impact plus important qu'un Européen.

   vi   L'inégalité entre les pays pauvres va bientôt disparaître.

   vii   Si on adoptait tous le comportement d'un Français moyen il nous faudrait deux planètes.

   b Faites un résumé du texte en anglais en 90 mots.

Vocabulaire

une empreinte écologique *carbon footprint*

s'exprimer *to be expressed*

disposer de *to have*

équitable *fair*

or *well, but, now*

inégalement *unequally*

réparti *shared out*

la durabilité *sustainability*

l'inégalité *inequality*

3 💡 Lisez le texte (en ligne) et faites les activités interactives.

4 a 🎧 Comment minimiser l'impact sur l'environnement? Ecoutez six possibilités et trouvez la bonne image pour chacune.

b Trouvez une raison de privilégier chaque geste. Complétez les phrases avec vos propres mots.

Je devrais privilégier...

i les produits issus de l'agriculture biologique parce que...

ii les fruits et les légumes de saison parce que...

iii les produits durables parce que...

iv les déodorants à bille parce que...

v un sac durable parce que...

vi les commerces de proximité parce que...

5 💡 Pensez à un produit que vous avez acheté récemment. Tracez-en l'empreinte écologique. Aidez-vous d'un dictionnaire. (Feuille)

Exemple: _____

Le cycle d'un jean. Tout d'abord il faut travailler le coton et puis fabriquer le jean...

la culture du coton, la fabrication, l'emballage, le marketing, le transport et la vente en magasin...

_____

6 💡 Présentez à la classe l'empreinte écologique du produit que vous avez analysé pour l'activité 5. Expliquez comment on pourrait être plus écologique. (Feuille)

💡 Grammaire ✳

Interrogative pronouns

These are used in direct or indirect questions when we want a person or an object to be clearly identified.

Questions about **people**: *qui*, *qui est-ce qui*, *qui est-ce que*

Questions about **things**: *que*, *qu'est-ce qui*, *qu'est-ce que*, *quoi*

Qui va venir demain? Qui est-ce qui va venir demain?

Qu'est-ce qui est biodégradable?

Lequel (meaning 'which') replaces *quel* + noun. It agrees in number and gender with the noun it replaces. After prepositions *à* and *de* it contracts to form **auquel**, **duquel**, etc.

Lesquels des produits sont, à votre avis, plus écologiques?

See pages 120–1.

Expressions clés

Pourquoi ne pas choisir des fruits de la région?

N'hésitez pas à faire le maximum.

Soyez prudent avec notre planète.

On peut changer ses habitudes.

Vous ne vous rendez pas compte?

Grâce aux petits gestes, on peut faire quelque chose.

Lequel d'entre vous va faire quelque chose?

Il y a trois étapes: la culture, la production, l'utilisation.

Ceci a un effet sur l'environnement.

A cause du transport...

C'est dommageable.

B Les groupes de pression

1 🎧 Ecoutez les noms d'animaux à préserver. Regardez les images: quel animal manque-t-il?

Protection des espèces

La biodiversité, c'est-à-dire la diversité des espèces et des écosystèmes, connaît une érosion. Les espèces disparaissent à un rythme mille fois supérieur au taux d'extinction naturel. Cette crise d'extinction sans précédent est due à l'activité directe ou indirecte des hommes.

Certaines populations d'animaux dans les forêts, dans les océans et sur les côtes, et dans les eaux douces, se sont réduites de 30% depuis les années 1970. Destruction et fragmentation des habitats, surexploitation par la récolte, la chasse, la pêche et le commerce, introduction d'espèces exotiques envahissantes, changements climatiques, pollution et gaspillage sont les principales causes de disparition. Le WWF à l'ambition de conserver plus de 85% de la diversité biologique sur terre.

En France, les grands carnivores ont longtemps été chassés et avaient quasiment disparu. Revenus naturellement, une centaine de loups vivent aujourd'hui dans les Alpes où ils se reproduisent.

Le lynx a été réintroduit dans les Vosges dans les années 1980 et il est également présent dans les massifs du Jura et des Alpes qu'il a recolonisés progressivement à partir de la Suisse. Le mammifère le plus rare de France, l'ours n'a jamais disparu de nos montagnes et on estime à une vingtaine le nombre d'ours vivant dans les Pyrénées.

Vocabulaire

une espèce *species*
disparaître *disappear*
les eaux douces *fresh water, lakes*
la récolte *harvest*
la chasse *hunting*
envahissant *invading*
quasiment *almost*
le loup *wolf*
le massif *mountain*
le mammifère *mammal*
un ours *bear*

2 a Lisez le texte et remettez les phrases dans le bon ordre:

i Les grands carnivores sont de retour en France.

ii Le lynx vient de Suisse.

iii Les loups ne sont plus en danger dans les Alpes.

iv Le WWF tente de sauvegarder 85% de la diversité biologique sur terre.

v Des espèces de faune et de flore sont en disparition.

vi L'homme est en partie coupable de cette disparition.

vii L'ours a toujours été présent en France.

b Traduisez le paragraphe suivant en français.

In order to protect the biodiversity of different species and habitats, it is necessary to rethink some of man's activities which are causing the disappearance of all sorts of species. Due to hunting, many wild animals have almost disappeared. Now some of these animals are returning to France.

3 a 🎧 Ecoutez le message de l'association AVES France. Lisez les phrases: vrai ou faux? Corrigez les phrases qui sont fausses.

   i   L'association veut soutenir les animaux qui risquent de disparaître.

   ii   L'association demande de l'argent.

   iii   L'association va publier une liste de tous les animaux.

   iv   Le niveau d'activité des hommes peut rester le même.

   v   Le but de l'association ne sera que d'informer le public.

   vi   L'association va se plaindre chaque fois qu'un ours sera menacé.

   vii   Pour aider, il y a quatre choses à faire.

   b 🎧 Transcription. Ecrivez en français tout ce que vous entendez à partir de: *Nos missions pour l'ours…* jusqu'à: *… l'aide d'un spécialiste.* Réécoutez pour vérifier.

   c 💡 Regardez la transcription en ligne et vérifiez votre paragraphe. Faites une liste des mots difficiles. Analysez les difficultés.

4 💡 Lisez le texte (en ligne) sur les phoques en France et faites les activités interactives.

5 💡 A deux: choisissez un animal menacé ou une plante menacée et imaginez faire une demande de soutien pour une campagne de protection. Décrivez la situation précaire et expliquez la campagne. (Feuille)

Exemple: _____

Moi, je voudrais faire quelque chose pour sauvegarder le phoque moine en France. Le phoque moine est une espèce menacée. La population mondiale n'est plus que de 200 à 300! Il est aujourd'hui presque impossible d'observer des phoques moines en Méditerranée. Notre but est de sensibiliser le public. Aidez-nous à sauver les phoques! Adhérez aujourd'hui à notre association.

6 💡 Ecrivez un article pour un site web. Persuadez les internautes de soutenir votre action. (Feuille)

   a Donnez une raison pour soutenir votre animal ou cause (disparition possible, vivre en harmonie…).

   b Décrivez le but de votre association (protection de l'animal et de l'environnement, éducation…).

   c Dites ce que l'association fait de l'argent donné (mener des projets, parler avec les gouvernements, surveillance du commerce…).

🐾 Compétences

Using language to promote a cause

Enhance your cause by:

- stating a high impact fact
- giving a sense of finality if action isn't taken
- asking for help.

The present subjunctive will be needed if you are expressing fear or a sense of superlative (*le seul, le premier, le dernier,* etc.):

*On craint qu'il y **ait** seulement une espèce survivante.*

*C'est la seule espèce que l'on **puisse** voir dans le monde.*

Expressions clés

Cet animal est une espèce menacée d'extinction.

On commence à prendre conscience du déclin.

Cela contribue également au déclin.

Les causes du déclin sont liées à l'action de l'Homme.

C'est la conséquence de la surexploitation des stocks de poisson.

On peut se rendre compte de la difficulté.

Diverses organisations internationales se mobilisent pour la sauvegarde de l'animal.

La tâche à accomplir est très lourde.

Nous avons besoin de votre soutien.

Notre mission porte sur l'éducation.

Nous souhaitons la protection de l'association.

Vous pourriez adhérer à l'association.

Vous pourriez faire un don / nous sponsoriser.

Aidez-nous à sauvegarder les animaux.

Notre responsabilité envers les autres pays

1 🎧 Ecoutez ce bulletin. Notez tous les chiffres et les dates que vous entendez.

Climat: les principaux pollueurs entament deux jours de débats à Paris

Les 16 principales économies, qui cumulent 80% des émissions mondiales de gaz à effet de serre, se retrouveront jeudi pour deux jours de discussions informelles sur la lutte contre le changement climatique.

Ce rendez-vous va être consacré aux possibilités de réduire les émissions de gaz à effet de serre (GES) par secteurs de production (ciment, sidérurgie, électricité...) et aux transferts de technologie. A la veille de la réunion, les Etats-Unis, instigateurs de ce forum, ont annoncé qu'ils entendaient arrêter la progression de leurs émissions d'ici 2025, pour commencer à inverser la tendance.

Or les Etats-Unis, premiers "pollueurs" avec la Chine, restent le seul pays industrialisé à ce jour à ne pas avoir ratifié le Protocole de Kyoto. L'Union européenne prônera une réduction d'au moins 20% des émissions mondiales d'ici 2030 et visera 50% pour 2050.

On va parler des pays en développement qui sont les plus durement touchés par les effets du changement climatique. Le changement climatique n'est pas équitable, car les pays les plus vulnérables sont ceux qui en sont les moins "responsables". On va donc demander un effort supplémentaire des pays riches pour permettre aux pays les plus pauvres de s'adapter au changement climatique.

L'administrateur du Programme des Nations unies pour le développement, Kemal Dervis,

a rappelé que « 70% des gaz à effets de serre déjà émis sont dus à l'activité des pays riches, 28% ont été émis par les pays émergents et seulement 2% par les pays les moins développés ». La Commission européenne a donc proposé la création d'une "alliance mondiale" pour la lutte contre le changement climatique, pour laquelle elle a affecté 50 millions d'euros pour la période 2008–2010.

Certains pays, dans les régions en proie aux sécheresses ou aux inondations ou encore les petits Etats insulaires menacés par la hausse du niveau de la mer, ne disposent pas des ressources nécessaires pour s'adapter alors qu'ils sont déjà confrontés aux impacts du changement climatique.

Vocabulaire

entamer *to open up*
consacré à *dedicated to*
la sidérurgie *steel*
la veille *the night before*
la réunion *the meeting*
ratifier *to ratify, to endorse*
prôner *to preach*
viser à *to aim at*
en proie à *victim of*
la sécheresse *drought*
disposer de *to have*

2 a Lisez l'article et faites une liste en anglais de dix points importants.

b Répondez aux questions en français.

   i   Qui sont les principaux pollueurs?

   ii Quel est le thème des discussions?

   iii Quel sera le but du forum?

   iv Quelle est l'intention des Etats-Unis?

   v Quelle est l'intention de l'Europe?

   vi Dans quelle situation se trouvent souvent les pays les moins développés?

c Traduisez le dernier paragraphe de l'article en anglais.

3 a A l'aide d'un dictionnaire, trouvez l'équivalent en anglais de ces expressions:

   i   le maïs

   iii d'une décharge électronique

   ii la pénurie des denrées de base

   iv aller au marteau

b 🎧 Ecoutez le reportage sur les biocarburants (= *biofuels*) et les déchets électroniques. Choisissez les trois phrases qui sont vraies.

   i   La production des biocarburants crée une situation difficile pour les pays pauvres.

   ii Les pays pauvres n'ont plus de difficultés à cause de la production des biocarburants.

   iii Ce n'est pas discutable, on devra continuer la production des biocarburants des pays pauvres.

   iv Les Américains font beaucoup pour préserver l'environnement.

   v Les Américains sont les principaux producteurs d'une décharge électronique.

   vi 5% à 80% des 30 000 à 400 000 tonnes de déchets électroniques sont envoyés en Chine, en Inde et au Niger.

   vii 50% à 80% des 300 000 à 400 000 tonnes de déchets électroniques sont envoyés en Chine, en Inde et au Niger.

4 💡🎧 Ecoutez le passage et faites les activités interactives.

5 💡 A l'oral: préparez une présentation pour une conférence sur la biodiversité. Développez chacune des mesures ci-dessous, en expliquant leurs conséquences. (Feuille)

* Réduire l'appauvrissement de la biodiversité
* Lutter contre la déforestation, contre la surpêche
* Mettre fin à la disparition des espèces
* Instaurer l'établissement d'une alliance mondiale

Exemple: _____

Il faut réduire l'appauvrissement de la biodiversité parce que des millions de personnes vont souffrir d'un manque de nourriture.

_____

6 💡 Ecrivez 300 mots sur l'importance des forêts tropicales dans le monde en considérant les aspects suivants. (Feuille)

* importance pour la diversité des espèces
* importance pour le climat
* conséquences de la destruction

Pour vous aider, cliquez sur:
http://terresacree.org/forevieg.htm

7 💡🖊 Ecoutez le dialogue et enregistrez vos réponses.

💡 **Grammaire**

Le futur proche et le futur simple

The future tense (*le futur simple*) expresses what will happen at any point in the future.

The immediate future (*le futur proche*) describes an event in the near future. See page 112.

Les 16 principales économies **se retrouveront** *jeudi pour deux jours de discussions.* (= *futur simple*)

On **va parler** *des pays en développement.* (= *futur proche*)

■ **Expressions clés**

Tout d'abord, je dirais que...

Ce qui me trouble, c'est...

On ne peut pas ignorer ces statistiques choquantes qui montrent que la situation est grave.

Il faut faire le point sur le développement durable.

La disparition des espèces a pris une allure dramatique.

La biodiversité nous apporte beaucoup.

L'impact de la perte de la biodiversité sera énorme.

On dépend de la forêt pour l'alimentation et les médicaments.

Sans ces forêts on est plus vulnérable face aux catastrophes naturelles.

Les arbres sont des maillons essentiels de la chaîne de la vie.

Beaucoup d'experts tirent la sonnette d'alarme.

Il faut mettre ces sujets fondamentaux à l'ordre du jour.

Now you should be able to:

- describe the impact of consumerism on the environment and explore how to change behaviour
- examine the role of pressure groups and their initiatives to promote awareness
- discuss the need for collaboration and cooperation

Grammar

- use interrogative pronouns
- use the subjunctive (revisited)
- use the immediate future and the future tense

Skills

- recommend future measures
- use language to promote a cause
- express awareness of positive and negative impact

✓ Résumé

1 De quoi s'agit-il?

C'est une estimation de la surface nécessaire à une personne pour produire ce qu'elle consomme et absorber ce qu'elle rejette.

2 Remplissez les blancs avec les mots ci-dessous.

Pour transporter mes courses, j'..... les sacs jetables et je choisis les sacs durables. J'..... toujours d'..... avec ..... un sac réutilisable, plié dans ma ..... ou dans mon ..... à main.

moi sac essaie abandonne amener poche

3 Choisissez entre **Qu'est-ce qui**, **Qu'est-ce que**, **Qui est-ce qui**:

a ...... la dame a répondu?

b ...... veut aller au marché avec moi?

4 Choisissez entre **Laquelle** et **Lequel**:

a ...... parmi ces hommes est déjà membre de l'association?

b ...... préfères-tu entre toutes ces plantes?

5 Traduisez la phrase en anglais:

Mis à part les croyances et les intérêts purement commerciaux du passé, ce sont surtout l'attitude des pêcheurs et la malnutrition qui sont à l'origine de la disparition du phoque moine.

6 Expliquez le terme "la biodiversité".

7 Traduisez en français:

You could join our association, make a donation and help us protect the animals.

8 Traduisez en français en utilisant le futur proche:

The activists are going to meet next month.

9 Que veut dire le sigle "GES"?

10 Lequel est le verbe au futur?

a meurent

b mourront

c allaient mourir

AQA Examiner's tips

Listening

Read the questions carefully. They may provide clues about vocabulary used in the passage.

Speaking

Prepare a brief answer to the question *De quoi s'agit-il?* **Summarise the subject** of the card in a couple of sentences.

Reading

Illustrations around the text might **help you understand** the content.

Writing

Discuss the exam topics with your friends, so that you have **plenty of ideas** to write about.

La société multiculturelle

4 L'immigration

By the end of this chapter you will be able to:

	Language	Grammar	Skills
A **La France, terre d'accueil?**	■ explore the reasons for immigration	■ revise numbers	■ express proportions and statistics
B **Immigration choisie**	■ talk about government policy to curb immigration ■ discuss the benefits and problems of immigration	■ use the future perfect tense	■ defend a viewpoint
C **Immigration au sein de l'Union européenne**	■ talk about immigration within the enlarged European community	■ use indirect speech	■ present oral analysis of advantages and disadvantages of immigration

Le saviez-vous?

Quelques chiffres: Au dernier recensement de 2005, on comptait 3,5 millions d'étrangers en France, dont 40% en provenance des Etats de l'Union européenne, 31% du Maghreb, 13,7% du Sud-est asiatique, 7% d'Afrique subsaharienne, 6,5% de Turquie. Au total, les étrangers représentent 5,7% de la population en France.

La Cité Nationale de l'histoire de l'immigration a ouvert ses portes le 10 octobre 2007. Consultez son site Internet www.histoire-immigration.fr où plus de deux siècles d'immigration sont racontés par des films, des textes et des photos.

Pour commencer

1 Vous connaissez les mots "immigré" et "émigré". Quelle est la différence entre les deux?

2 Quels sont les trois pays qui constituent le Maghreb?
- le Maroc
- le Sénégal
- la Tunisie
- l'Espagne
- l'Algérie
- l'Egypte

3 Comment s'appelle un homme originaire du Maghreb?

Et une femme?

4 Il y a maintenant combien de pays membres de l'Union européenne?
- 24
- 27
- 29

5 Qu'est-ce qu'un "sans-papiers"?
Une personne qui...
- ne sait pas écrire
- n'a pas d'argent
- n'a pas de titre de séjour

A La France, terre d'accueil?

1 🎧 Ecoutez l'introduction d'une émission sur l'immigration. Que dit-on sur l'immigration européenne en France?

LES IMMIGRÉS EN FRANCE: UNE SITUATION QUI ÉVOLUE

Par sa situation géographique qui en fait un lieu de croisement des commerces et des populations, et puis par son histoire coloniale, la France est un pays de migration de longue durée et est choisie comme pays de destination à cause de la familiarité avec la langue française.

Les immigrés proviennent de pays de plus en plus lointains; le regroupement familial et les demandes d'asile sont en augmentation, les femmes représentant la moitié des immigrés vivant en France.

Du fait de la taille de leur famille, de la faiblesse de leurs revenus et de leur concentration dans les grandes villes, les immigrés sont plus souvent locataires du secteur social et vivent plus fréquemment dans des logements surpeuplés. Les immigrés sont davantage affectés par le chômage, ils occupent plus souvent des postes d'ouvriers ou d'employés.

Dans les dernières décennies, les origines géographiques des immigrés se sont beaucoup diversifiées. En 1962, les immigrés venus d'Espagne, d'Italie, du Portugal et de Pologne représentaient à eux seuls la moitié des immigrés résidant en France; de nos jours, ils n'en représentent qu'à peine un sur six.

A l'inverse, la part des immigrés nés au Maghreb a doublé: ils représentent désormais presque un tiers des immigrés. De plus en plus d'immigrés viennent d'Afrique subsaharienne, de Turquie ou d'Asie.

Les immigrés sont davantage présents dans les zones frontalières et les régions urbanisées ou industrielles, soit l'Ile-de-France, les régions de l'est et méridionales.

Vocabulaire

le lieu *place*

la durée *period of time*

provenir *to come from*

lointain *far away*

un asile *asylum*

la faiblesse de leurs revenus *their low income*

le/la locataire *tenant*

surpeuplé *overcrowded*

davantage *more*

un ouvrier *worker*

la décennie *decade*

à peine *only just, barely*

à l'inverse *on the contrary*

désormais *from now on*

la zone frontalière *border zone*

2 a Lisez le texte et dites si les phrases sont vraies (V) ou fausses (F).

   i Beaucoup d'immigrés parlent français.

   ii Les femmes immigrées sont peu nombreuses.

   iii Les salaires des immigrés sont bas.

   iv Le nombre d'immigrés en provenance du Maghreb s'est multiplié par deux.

   v Les immigrés s'installent souvent dans les zones rurales.

   vi Les immigrés viennent de pays de plus en plus éloignés.

b Choisissez la fin de phrase qui convient.

   i La France est choisie comme pays de destination…
   a depuis peu   b depuis longtemps

   ii Le regroupement familial et les demandes d'asiles sont…
   a en hausse   b en baisse

   iii Les immigrés occupent des emplois…   a de manœuvres   b qualifiés

   iv Les immigrés sont souvent…   a propriétaires   b logés en HLM

   v On trouve un grand nombre d'immigrés…
   a dans le sud de la France   b dans le centre de la France

3 🎧 Ecoutez cet extrait sur le statut des réfugiés politiques.

a Donnez quatre raisons pour lesquelles une personne peut être persécutée dans son pays d'origine.

b Répondez aux questions suivantes:

En quelle année la France a-t-elle signé la Convention de Genève?

Combien de pays dans le monde l'ont désormais signée?

A quel moment cette Convention a-t-elle été élaborée?

c Pensez-vous que cette Convention soit une bonne idée? Pourquoi? Discutez-en avec votre partenaire.

4 💡🎧 Réécoutez l'extrait et faites les activités interactives.

5 💡 A deux, préparez une présentation sur l'origine des immigrés au Royaume-Uni (différentes nationalités, origines, raisons). (Feuille)

a Faites une comparaison avec la France.

b Comparez vos résultats avec le reste de la classe.

6 💡 A l'écrit: relisez vos réponses à l'activité 3a. (Feuille)

a Y a-t-il d'autres raisons pour lesquelles une personne puisse vouloir quitter son pays d'origine?

b Ecrivez un paragraphe sur la protection des réfugiés. Pensez-vous qu'il est de notre devoir de les accueillir ou non?

7 💡📝 Jeu de rôle: écoutez le dialogue et enregistrez vos réponses.

www.france-terre-asile.org

Expressions clés

Les conditions de vie sont difficiles / insupportables.

C'est un pays en conflit.

Il y a une guerre civile dans mon pays.

mourir de faim

la persécution / être persécuté par…

un immigré clandestin

un passeur fait traverser une frontière

les anciennes colonies britanniques / françaises

trouver refuge dans un autre pays

s'exiler de / fuir son pays

s'échapper de, échapper à

gagner sa vie, réaliser un rêve

satisfaire les besoins de sa famille

Je n'ai pas les moyens de nourrir ma famille.

Un réfugié politique doit être accueilli.

🔥 Compétences

Express proportions and statistics

Percentages: *cinq pour cent = 5%*

Decimals: *dix-sept virgule cinq pour cent = 17,5 %*

Proportions:

la moitié	*plus de la moitié*
un tiers	*plus d'un tiers*
un quart	*plus d'un quart*
un sur six	
de plus en plus	*de moins en moins*
au moins	*à peine* *davantage*

Useful verbs: *augmenter, doubler, baisser, chuter, diminuer*

B Immigration choisie

1 D'accord ou pas? Comparez vos opinions avec le reste de la classe.

a « L'immigration est utile pour l'économie du pays. »

b « Il faut fermer les frontières. »

c « On doit légaliser tous les sans-papiers. »

Nouvelle loi sur l'immigration: durcissement des conditions du regroupement familial

TEST DE LANGUE: les personnes souhaitant bénéficier d'un regroupement familial doivent "connaître la langue française et les valeurs de la République". Elles doivent donc passer un test. Si leurs résultats sont insuffisants, elles sont soumises à une formation de "deux mois maximum".

REVENU MINIMUM: un immigré se trouvant en France ne peut faire venir sa famille que s'il a des revenus suffisants, que la loi fixe à 1 à 1,33 fois le Smic, hors prestations sociales comme les allocations familiales, selon le nombre de personnes à charge.

CONTRAT D'ACCUEIL ET D'INTÉGRATION: une fois que leurs enfants seront arrivés, les parents devront signer un contrat avec l'Etat. Son non-respect peut entraîner la suppression des allocations familiales.

TESTS ADN: cette proposition a fait grand bruit. La loi prévoit de faire passer un test ADN aux enfants candidats (sur la base du volontariat) au regroupement familial pour s'assurer de leur filiation avec la personne se trouvant déjà en France.

TOUCHE PAS A MON ADN

sos-racisme.org

ADN   Smic

revenu   formation

filiation   allocation familiale

regroupement familial

2 a Reliez les mots et expressions à gauche avec leurs définitions (a–g).

a versée aux familles d'au moins deux enfants

b la descendance des parents en ligne directe

c réunit tous les membres d'un même foyer

d le salaire minimum interprofessionnel de croissance

e ce que rapporte un travail

f la molécule support de l'information génétique héréditaire

g apprentissage qui permet de se perfectionner

b **En vous aidant du texte ci-dessus, trouvez la fin de chaque phrase.**

i Un contrat devra être signé...

ii Les immigrés qui ne parlent pas français...

iii Les enfants qui veulent rejoindre leurs parents...

iv Un immigré doit gagner un certain salaire...

a pour faire venir sa famille.

b devront passer un test ADN.

c dès l'arrivée en France.

d suivront des cours pendant deux mois.

Vocabulaire

le durcissement *hardening*

insuffisant *insufficient*

être soumis à *to be subject to*

hors *except for, apart from*

la prestation sociale *social security benefit*

entraîner *to lead to*

faire grand bruit *to cause an outcry*

prévoir *to plan*

3 Recopiez le dépliant et remplissez les blancs avec des mots choisis dans la liste ci-dessous. Utilisez chaque mot une fois seulement.

unique autre 99,9%
code-barres organiques sang
établir génétique os similaires
molécules contient personne

4 a 🎧 Ecoutez le reportage sur une nouvelle loi sur l'immigration. Lisez les phrases (i–v) et choisissez l'expression correcte.

Comment fait-on le test ADN

Les tests ADN permettent d'...... le profil génétique d'une personne à partir de matières ......

1 Prélèvement
Des ...... d'ADN sont extraites à partir de salive ou de ...... , sueur, fragments de peau, ...

2 Analyse
Chaque cellule ...... de l'ADN dont la composition est ...... pour chaque ...... (équivalent d'un ......).

3 Comparaison
Le code ...... obtenu par l'ADN peut être comparé à un ....

4 Identification
S'ils sont ...... , l'identification est sûre à ....

i Si leur dossier est rejeté, les personnes [en situation irrégulière / sans papiers] n'auront plus qu'un seul mois pour contester la décision.

ii A partir de maintenant, tous [les étrangers / les immigrés] qui déposent une demande de régularisation risquent une obligation à quitter le territoire français.

iii Déposer une demande de [carte de séjour / titre de séjour] pose un risque très important.

iv Beaucoup d'étrangers ne feront même pas [la démarche / la demande] de peur d'être frappés par cette mesure.

v Quelqu'un qui a [des papiers / des documents] parfois depuis des années, dépose comme chaque année une demande de [reconduction / renouvellement] de son titre de séjour...

b 🎧 Quels termes sont utilisés pour exprimer les idées suivantes?

i un dossier non accepté par l'administration:
 a un dossier rejeté b un dossier refusé

ii brusquement:
 a sur-le-champ b du jour au lendemain

iii annoncer une réponse négative:
 a notifier un refus b signifier un refus

5 💡 A l'oral: « Tests ADN, pour ou contre? » (Feuille)

a Dites ce que vous pensez des déclarations suivantes:

La génétique décide qui a le droit ou non de s'établir en France.

Le but du test est de rechercher une filiation avec la mère, pas avec le père.

Seul le sang détermine une parenté avec la mère.

b A votre avis, que va-t-il se passer dans le cas de familles recomposées ou d'enfants adoptés?

c Accepteriez-vous de passer un test ADN? Pourquoi?

6 💡🎧 Ecoutez l'extrait sur l'exploitation d'immigrés et faites les activités interactives.

7 💡 A l'écrit. La nouvelle loi stipule qu'un immigré ne peut faire venir sa famille en France que s'il a des revenus suffisants. Développez la phrase ci-dessous. (Feuille)

« Les immigrés sont souvent affectés par le chômage et sont parfois exploités. »

Grammaire

The future perfect – *le futur antérieur*

Use the **future** of the auxiliary verb (*avoir* or *être*) plus a **past participle** to say what '**will have happened**' by some point in the future.

It is used after expressions such as *quand, une fois que, aussitôt que, après que*, when the verb in the main clause is in the future. See page 113.

Expressions clés

prouver qu'il y a un lien de parenté / un lien biologique

soumettre les immigrés à un test ADN

Cela permet d'éviter qu'un chef de famille ne découvre qu'il n'est pas le père biologique.

Un fichier d'empreintes digitales permettrait...

Le projet laisse entendre que...

Ce qui pose un vrai problème, c'est...

Or, on sait bien que la famille, c'est...

Un enfant appartient à celui qui l'élève.

Cette loi pose des problèmes d'ordre éthique.

Les tests ADN peuvent être utilisés pour...

Immigration au sein de l'Union européenne

1 Expliquez le contenu de cette phrase.

> Etre européen, c'est avoir le droit de circuler, séjourner, s'installer, travailler, étudier dans les autres Etats membres de l'Union.

Paris accélère les expulsions de Roms avant la trêve d'hiver

Depuis septembre 2007, les évacuations de bidonvilles Roms s'intensifient dans la capitale française. Seule une petite partie des Tsiganes sont relogés. Les Roms seraient entre deux et trois mille en région parisienne, avec l'ouverture de trente-trois campements l'année passée.

Les interventions ont lieu au petit matin. Premièrement, les forces de l'ordre « sécurisent » les lieux, afin d'éviter des fuites. Ensuite, les « candidats » au départ sont priés de monter dans des bus. Ils voyageront d'une traite aux frontières de la Roumanie ou de la Bulgarie. Enfin, les campements sont

réduits en morceaux, afin que d'autres Roms ne viennent pas les occuper.

Le gouvernement de Sarkozy a fixé des objectifs chiffrés en matière d'expulsions d'étrangers. Et les Roms constituent un réservoir dans lequel il est facile de puiser, puisqu'ils vivent en communauté, dans des camps situés loin des regards, dans des terrains vagues, sous des autoroutes, dans des sites industriels abandonnés.

Depuis janvier 2007, les Roumains et les Bulgares sont devenus des citoyens européens, donc la France pousse dehors des ayant droit à la libre circulation. Les Roms ont le choix entre l'arrestation ou le départ dit « humanitaire », ce qui fait bondir les ONG locales.

2 a Cherchez les détails suivants dans le texte.

    i   pays d'où sont venus les Roms

    ii   combien ils sont

    iii nombre de nouveaux campements

    iv date d'adhésion de la Bulgarie et de la Roumanie à l'UE

b Lisez les phrases et écrivez V (vrai), F (faux) ou N (information non donnée).

    i   La police intervient à l'aube.

    ii   Elle vérifie les papiers des Roms.

    iii Tous les Tziganes sont relogés.

    iv On demande aux Roms où ils veulent habiter.

    v   Les Roms ont légalement le droit de rester en France.

c Traduisez en anglais le passage suivant.

> Bien que les Roumains soient devenus des citoyens européens en janvier 2007, le gouvernement continue à vouloir les expulser. Les forces de l'ordre détruisent les bidonvilles et leur demandent de quitter le territoire français en les faisant monter dans des bus qui les ramènent d'une traite à la frontière. Ces opérations font bondir les ONG locales.

d Préparez des questions sur le texte et posez-les à votre partenaire.

Exemples: _____

Qui sont les Roms? Que penses-tu de l'action des forces de l'ordre?

Vocabulaire

la trêve *truce*

le bidonville *shanty town*

les tsiganes, les Roms *gypsies*

au petit matin *early in the morning*

les forces de l'ordre *the police*

la fuite *escape*

être prié de *to be requested to*

d'une traite *without stopping on the way*

réduire en morceaux *to smash to pieces*

puiser *to draw from*

le terrain vague *waste land*

un ayant droit *a person entitled to something*

faire bondir *to enrage*

une ONG: organisation non gouvernementale *NGO, humanitarian organisation*

3 a  Ecoutez la première partie de l'enregistrement. Recopiez la transcription et complétez-la avec les mots que vous entendez.

A ...... la nuit dernière, des ...... d'...... ont été tirés sur ...... frontières européennes. En effet, à minuit, ... pays de l'Union européenne .... dans ce qu'on appelle l'espace Schengen. Ce qui .... que les habitants de ces pays .... librement sans ...... d'un pays à l'autre: il n'y a plus de ...... frontières.

b  Ecoutez le reste de l'enregistrement et répondez aux questions.

i Combien de pays faisaient partie de l'espace Schengen auparavant?

ii Combien y en a-t-il maintenant?

iii Combien d'Européens pourront voyager librement?

4 💡 Lisez le texte sur les immigrés britanniques en France et faites les activités interactives.

5 a A deux, faites une liste des avantages et des inconvénients de la libre circulation des Européens dans l'espace Schengen. Comparez votre liste avec celle d'un autre groupe.

b 💡 Pouvons-nous accueillir les nouveaux immigrés européens? Préparez un exposé oral en considérant les côtés positifs, les problèmes, les dangers. (Feuille)

6 💡 Imaginez que votre famille annonce que vous allez habiter en France! Ecrivez un e-mail à votre correspondant(e) français(e). Expliquez le projet de vos parents et dites ce que vous en pensez: les avantages et les inconvénients. (Feuille)

Expressions clés

être bon / mauvais pour l'économie
On pourra voyager sans contrainte.
On aura le droit de circuler librement.
avoir des compétences
enrichir notre culture / c'est enrichissant pour notre culture
plus de contrôles pour franchir les frontières de l'Europe
Le taux de chômage est trop élevé.
Il y a des problèmes de logement.
Il n'y a pas assez de place dans les écoles.
des emplois peu rémunérés
une montée possible de la criminalité et de l'immigration illégale
des problèmes de langues

Grammaire

Indirect speech – *le discours indirect*

We use indirect speech (or reported speech) to report what people have said. See page 117.

- It is introduced by *que*.
- The subject pronouns change.
- The verb tenses change:

present → imperfect
elle est → qu'elle **était**

perfect → pluperfect
elle est partie → qu'elle **était partie**

future → conditional
elle sera → qu'elle **serait**

future perfect → conditional perfect
elle sera partie → qu'elle **serait partie**

Now you should be able to:

- explore the reasons for immigration
- talk about government policy to curb immigration
- discuss the benefits and problems of immigration
- talk about immigration within the enlarged European community

Grammar

- revise numbers
- use the future perfect tense
- use indirect speech

Skills

- express proportions and statistics
- defend a viewpoint
- present oral analysis of advantages and disadvantages of immigration

✓ Résumé

1 Traduisez en français:

Immigrants now come from faraway countries.

2 C'est qui?

C'est une personne qui quitte son pays parce qu'elle est persécutée.

3 Complétez les phrases:

La (½) des immigrés sont des femmes. La part des immigrés nés au Maghreb a (×2). Ils représentent désormais (⅓) des immigrés.

4 Mettez les mots dans le bon ordre:

conscience vrai Le tests un recours aux ADN de problème pose

5 Mettez les verbes entre parenthèses au **futur** ou au **futur antérieur**, selon le cas.

Dès que leur dossier (**être rejeté**), les sans-papiers n' (**avoir**) plus qu'un seul mois pour contester la décision. Il est possible qu'une fois qu'ils (**déposer**) leur demande de titre de séjour, la Préfecture (**décider**) de ne pas renouveler leurs papiers.

6 Complétez la phrase:

L'esclavage moderne, c'est…

7 Donnez un autre nom pour le travail illégal.

8 Mettez ces phrases au discours indirect, en commençant par: *La journaliste a expliqué que…*

Neuf autres pays de l'Union européenne **sont entrés** dans l'espace Schengen. Les habitants de ces pays **pourront** voyager librement car il n'y **a** plus de postes frontières.

9 Ecrivez une phrase qui veut dire:

Les forces de l'ordre ont détruit les habitations des tsiganes.

10 Complétez la phrase:

Depuis janvier 2007, les Romains et les Bulgares…

AQA　Examiner's tips

Listening

Remember that you do not always have to answer in full sentences; **one word will sometimes be enough.**

Speaking

Prepare detailed answers that **justify reasons and opinions** where necessary.

Reading

Questions follow the text in chronological order. If you have answered questions (4) and (6), the answer to (5) will be somewhere in between them in the text.

Writing

Always **draft a plan** before you start to write your answer.

La société multiculturelle

5 L'intégration

By the end of this chapter you will be able to:

	Language	Grammar	Skills
A **Multiculturalisme**	■ talk about factors facilitating integration ■ discuss which culture immigrants should show loyalty to	■ use conjunctions	■ express well-informed and sophisticated opinions in a debate
B **La désintégration de la France**	■ consider factors making integration difficult	■ use demonstrative pronouns: *celui, celle, ceux, celles*	■ give precise descriptions using complex sentences
C **L'intégration des jeunes**	■ talk about the experiences of individual immigrants	■ use relative pronouns with prepositions: *dans lequel, auquel, duquel, dont*	■ express obligation and support someone's rights

Le saviez-vous?

Toute personne d'origine étrangère ou de couleur de peau non blanche est considérée comme immigrée même si elle est française. Ainsi les immigrés des deuxième et troisième générations se sentent toujours traités comme des étrangers alors qu'ils sont nés en France et sont de nationalité française.

Pour commencer

Choisissez la bonne réponse.

1 **Le multiculturalisme**, c'est:
  a la façon dont vivent les immigrés dans un pays
  b l'appartenance à plusieurs cultures à la fois
  c la coexistence de plusieurs cultures dans un même pays
  d la création de milieux culturels divers

2 **Une émeute** est:
  a une révolution
  b une révolte
  c une réclamation
  d une revanche

3 **Un déchirement familial**, c'est:
  a une complicité dans la famille
  b une dispute dans la famille
  c une union de la famille
  d une rupture de la famille

4 **La réussite scolaire**, c'est:
  a s'amuser à l'école
  b bien s'entendre avec les enseignants
  c bien travailler à l'école
  d se faire beaucoup d'amis

5 **L'école laïque**, c'est:
  a la séparation des professeurs et des élèves
  b la séparation du gouvernement et de l'école
  c la séparation des parents d'élèves et des professeurs
  d la séparation de l'éducation et de la religion

A Multiculturalisme

1 Que disent ces personnes? Discutez-en avec le reste de la classe.

> Les immigrés ne sont pas tous bien intégrés dans notre société.

> Que peut-on faire pour améliorer la situation?

BLACKS, BLANCS, BEURS À LA MÊME ENSEIGNE

A l'hypermarché Casino d'Argenteuil, en banlieue parisienne, le groupe de grande distribution mise sur la diversité pour préserver la paix sociale.

Au total, les 210 salariés représentent plus de 20 nationalités, à l'image de la population locale: la moitié des 100000 habitants d'Argenteuil est d'origine étrangère. Facile, compte tenu du taux de chômage à Argenteuil: 14% actuellement? Pas vraiment! Casino a dû diffuser des annonces jusque dans les boîtes aux lettres, car la grande distribution, avec ses horaires à rallonge et ses salaires au Smic, n'attire guère.

Dans les travées, la clientèle est aussi colorée que le personnel. Les promotions du jour s'égrènent de la viande halal, au paquet de croissants boulangers, aux pâtisseries orientales. Au rayon ménage-bricolage-accessoires auto, Dieynaba Diouf a appris à faire face aux clients difficiles. « Certains ne peuvent pas croire que je suis la responsable, » raconte cette jeune femme de 25 ans arrivée du Sénégal en 1999 pour faire un BTS puis une licence.

Une expérience vécue aussi par son collègue et compatriote, Henri Lolonga, 29 ans, chef du rayon électronique-électroménager. Mais il ne s'arrête pas à cela. D'abord recruté en CDD comme vendeur, il a vu son contrat converti en CDI. Puis il est devenu manager commercial. En trois ans, son salaire a doublé. Son credo: «Travailler avec différentes cultures apporte un plus. »

Vocabulaire

le/la beur (verlan, tiré du mot "arabe") *2nd generation North African living in France*

à la même enseigne *in the same boat*

la grande distribution *(chains of) supermarkets*

miser sur *to bank on, to count on*

compte tenu de *considering, in view of*

à rallonge *never-ending*

la travée *aisle*

s'égrener *to range from*

la viande Halal *Halal meat*

le/la responsable *manager, person in charge*

le BTS Brevet de technicien supérieur *2-year degree*

le chef de rayon *department supervisor*

le CDD: contrat à durée déterminée *fixed-term contract*

le CDI: contrat à durée indéterminée *permanent contract*

2 a **Reliez les mots et sigles à leur définition.**

i	un CDD	a	le salaire minimum
ii	une licence	b	un engagement pour un travail sans limite dans le temps
iii	le Smic	c	diplôme obtenu après deux ans d'études après le bac
iv	un BTS	d	un emploi pour une période précise
v	un CDI	e	diplôme obtenu après trois ans d'études après le bac

b **En utilisant le vocabulaire du texte, traduisez les phrases suivantes.**

i He learnt how to deal with difficult customers.

ii More than twenty nationalities are represented.

iii The never-ending hours are hardly enticing.

iv Some people cannot believe I am in charge.

v Considering the unemployment rate, recruiting should be easy.

c **En consultant le texte, écrivez le plus de détails possibles sur Dieynaba Diouf et Henri Lolonga (responsabilités, âge, origine, niveau d'étude).**

d **Expliquez la dernière phrase du texte:**

« Travailler avec différentes cultures apporte un plus. »

3 a 🎧 Ecoutez l'extrait du journal. Quel est son sujet? Choisissez la bonne réponse.

- Les acteurs de la réforme de la justice en France
- Les grandes figures du féminisme
- La politique d'immigration en France
- Les membres du nouveau gouvernement français

A

B

Secrétaire d'Etat chargée de la politique de la ville

Secrétaire d'Etat chargée des droits de l'homme

b 🎧 Réécoutez et donnez un nom à chaque photo.

Rama Yade   Rachida Dati   Fadéla Amara

c Recopiez et complétez le tableau.

Nom	Age	Nombre de frères et sœurs	Pays d'origine
Fadéla Amara			
Rachida Dati			
Rama Yade			

d 🎧 Réécoutez et puis dites tout ce que vous avez appris sur Fadéla, Rachida et Rama.

C

Ministre de la Justice

4 💡🎧 Ecoutez le témoignage d'une Chinoise en France et faites les activités interactives.

5 💡 Travail de groupe. Lisez les deux déclarations suivantes. Le premier groupe va développer et défendre les arguments de A, le deuxième groupe ceux de B. (Feuille)

A
> Pour bien s'intégrer, il faut parler la langue du pays et vivre comme les Français, c'est-à-dire adopter leur façon de vivre et leur culture. Je suis d'ailleurs pour la loi contre le port de signes religieux dans les écoles.

B
> Apprendre la langue, c'est essentiel, mais il est important de garder son identité culturelle. Ce mélange de coutumes, de religions rend notre pays plus intéressant, plus riche culturellement.

6 💡 A l'écrit: en vous inspirant de l'exercice précédant, donnez votre point de vue personnel sur l'intégration des immigrés. (Feuille)

Expressions clés

Pour que l'intégration se fasse / soit possible, il faudrait que...

Il faut apprendre à vivre ensemble.

une diversité ethnique / religieuse

une société multiculturelle

le droit à la différence

le modèle français républicain

les différences de culture et de modes de vie

l'école laïque / la laïcité

C'est une chance pour la culture / l'économie du pays.

L'interdiction des signes religieux à l'école...

Le port du foulard est interdit.

L'intégrisme religieux / musulman fait peur.

être frappé par des attentats terroristes

avoir des difficultés d'intégration

ne pas se donner les moyens de s'intégrer

🔖 Compétences

Express well-informed and sophisticated opinions in a debate

Prepare your arguments: use research to support ideas and opinions.

Introduce your topic: *Tout d'abord, En premier lieu...*

Set out arguments: *D'autre part, Par ailleurs, De plus...*

Link sentences: *parce que, puisque, car, mais, cependant, donc, alors...* (See conjunctions, page 120)

Give your opinion: *Personnellement, je pense que..., A mon avis..., Je ne suis pas d'accord parce que...*

B La désintégration de la France

1 Quelles sont les raisons qui freinent l'intégration des immigrés? Mettez-les en ordre d'importance selon vous. Ensuite, écrivez les raisons de votre choix. Discutez-en avec le reste de la classe.

a **ne pas être intéressé par la scolarité**

b **vivre dans des quartiers difficiles**

c **ne pas parler la langue du pays**

d **s'habiller en costume traditionnel**

e **avoir une religion différente**

f **être au chômage**

g **avoir des habitudes alimentaires différentes**

h **continuer à suivre les coutumes de son pays d'origine**

Les racines du malaise

Les cités de banlieues apparaissent comme de véritables ghettos où de nombreux jeunes se sentent exclus, se voient de plus en plus enfermés dans les murs de leur cité. Ces jeunes sont pauvres, presque souvent d'origine étrangère et pourtant la majorité d'entre eux sont de nationalité française.

Ils n'occupent aucune place reconnue dans la société et n'ont plus cette insertion par le travail qu'avaient leurs parents. Le taux de chômage parmi ces jeunes est très élevé, même pour le petit nombre d'entre eux qui ont fait des études supérieures et qui se heurtent à des discriminations à l'embauche.

Les émeutes qui surgissent dans ces quartiers difficiles depuis quelques années sont des révoltes du désespoir et surgissent de manière récurrente. Elles sont souvent déclenchées après des interventions policières telles que des arrestations, des poursuites de jeunes qui dégénèrent parfois en accidents qui peuvent être mortels.

Les cibles visées ne sont plus seulement les forces de l'ordre, mais d'autres personnels de la fonction publique comme les pompiers et les chauffeurs d'autobus, ainsi que des biens privés. Les jeunes s'en prennent aux voitures du quartier, c'est-à-dire à celles qui sont possédées par leurs voisins. Ils mettent le feu aux écoles où les gens du quartier souvent issus de l'immigration comme eux envoient leurs enfants.

Vocabulaire

la racine *root*

la banlieue *suburb*

le taux de chômage *unemployment rate*

se heurter à *to bump into, to come up against*

une embauche *employment*

une émeute *riot*

surgir *to arise*

le quartier *area, neighbourhood*

être déclenché *to be triggered off*

la cible *target*

la fonction publique *public service*

s'en prendre à *to take it out on, to attack*

2 a Retrouvez les expressions suivantes dans le texte. (Attention: elles ne sont pas dans l'ordre du texte.)

i many young people feel excluded

ii accidents which can be fatal

iii they have no place in society

iv the ones owned by their neighbours

v the unemployment rate is very high

2 b **Notez ce que vous avez appris sur:**

- la situation des jeunes dans les cités de banlieues (travail, situation économique, origines ethniques, ce qu'ils ressentent)
- les émeutes (quand, où, facteurs déclencheurs, ce qui se passe).

3 💡 **Relisez le texte et faites les activités interactives.**

4 a 🎧 **Ecoutez ce reportage sur les émeutes qui ont eu lieu à Villiers-le-bel. Notez les détails suivants:**

- date, heure, moment de la journée
- nombre de morts
- durée des émeutes
- deux moyens de transport impliqués
- où se trouve Villiers-le-bel

b 🎧 **Vous allez maintenant entendre une déclaration du maire de Villiers-le-bel. Ecoutez sans regarder le texte ci-dessous. Ensuite complétez le résumé avec les mots qui se trouvent dans la case.**

> Depuis deux nuits, des ...... sévissent à Villiers-le-bel. Celles-ci ne sont pas .... On ne peut pas comprendre ce qui .... On a brûlé des .... , on a détruit des ...... , on a blessé des ...... et des ....
>
> Je lance un appel au ...... pour que Villiers-le-bel retrouve sa sérénité. La ville est .... J'invite les ...... à demander à leurs ...... de rester à la maison.

traumatisée acceptables commerces pompiers
violences bâtiments parents s'est passé
calme publics enfants policiers

c 🎧 **Réécoutez l'extrait et vérifiez vos réponses.**

d 🎧 **Réécoutez et relevez quatre phrases à la forme passive (voir Grammaire, page 11).**

5 💡 **Jeu de rôle: vous êtes journaliste et vous interviewez un groupe de jeunes qui ont participé aux émeutes. (Feuille)**

a Faites une liste de questions que vous pourriez leur poser.

b Imaginez leurs réponses.

c Préparez un dialogue et enregistrez-vous. Ensuite, changez de rôle.

6 💡 **Vous habitez Villiers-le-bel. Votre voiture a été brûlée dans la nuit lors des émeutes. Vous décidez d'écrire au maire de Villiers-le-bel pour porter plainte. (Feuille)**

a Décrivez ce qui s'est passé.

b Exprimez ce que vous ressentez.

c Demandez à le rencontrer pour discuter des solutions à prendre.

💡 Grammaire

Demonstrative pronouns – *les pronoms démonstratifs*

Demonstrative pronouns **replace** nouns to say 'this one', 'those ones', etc. They always **agree** with the **noun** they refer to. See page 109.

celui – masculine sing.
celle – feminine sing.
ceux – masculine pl.
celles – feminine pl.

Ma voiture est rouge mais **celle** de Marc est grise. (*voiture* is feminine)

Expressions clés

J'habite une cité de banlieue.

Notre quartier connaît des violences...

Des émeutes ont eu lieu...

être traumatisé / choqué / en colère

Ce n'est pas acceptable.

Il faut lancer un appel au calme.

Ce n'est pas juste.

On a incendié / brûlé / mis le feu à...

Mon véhicule a été brûlé / incendié.

être assuré contre les incendies

C L'intégration des jeunes

1 🎧 Ecoutez l'introduction d'une émission sur l'intégration et répondez aux questions.

    a De quelles minorités parle-t-on?

    b Dans quels domaines ne sont-elles pas représentées?

2 a Avant de lire le texte, reliez ces mots à leur définition.

i	défavorisé	a	refaire une année scolaire
ii	la scolarité	b	le fait de suivre régulièrement les cours d'un établissement d'enseignement
iii	améliorer	c	privé d'un avantage
iv	redoubler	d	perfectionner

L'intégration des enfants issus de l'immigration

La discrimination commence dès l'école. Il n'y a pas vraiment de problème avec les enfants d'immigrés en France, mais un problème d'accueil des populations défavorisées dont font partie les immigrés. On sait que la réussite sociale est de plus en plus liée à la réussite scolaire. Or 'les enfants d'immigrés sont particulièrement exposés à l'échec scolaire: parmi les jeunes dont les deux parents sont immigrés, un sur trois a redoublé à l'école élémentaire, contre seulement un sur cinq quand aucun ou un seul parent est immigré. Cette plus grande difficulté se retrouve dans la suite de la scolarité, au collège et au lycée. Elle résulte directement du fait que les enfants d'immigrés vivent souvent dans un environnement familial'* dans lequel la réussite scolaire est moins favorable. Un grand nombre d'entre eux ont une mère ayant au plus terminé l'école primaire et grandissent dans une famille d'au moins quatre enfants.

Cependant, en quittant leur pays les émigrants ont manifesté une forte motivation pour améliorer leurs conditions d'existence, ambition qu'ils reportent sur leurs enfants. Ces parents attendent donc beaucoup du système scolaire, ce qui n'est pas toujours le cas des parents français des milieux populaires qui, par résignation, autolimitent le plus souvent leurs espoirs de réussite pour leurs enfants.

Les parents sont aussi placés devant le dilemme suivant: doivent-ils préserver et transmettre les normes et valeurs reçues dans le pays d'origine ou admettre que leurs enfants vont s'éloigner de ces valeurs? L'enfant d'immigré est contraint de découvrir et de construire son identité en évitant les déchirements familiaux.

* Insee Première No. 1042, Sept. 2005

Vocabulaire

l'accueil *reception, welcome*

la réussite *success*

cependant *however*

améliorer *to improve*

reporter sur *to transfer to*

un espoir *hope*

s'éloigner *to move away*

être contraint de *to be forced to*

éviter *to avoid*

le déchirement *tear, breakdown*

b Lisez le texte et les phrases i–viii. Ecrivez V (vrai), F (faux) ou N (information non donnée).

    i   La réussite sociale dépend de la réussite scolaire.

    ii   Les enfants d'immigrés redoublent plus souvent que les autres enfants.

    iii Les enfants d'immigrés n'ont pas de problèmes au collège ou au lycée.

    iv Les pères ont fait plus d'études que les mères.

    v   Les immigrés aspirent à de meilleures conditions de vie.

    vi Les familles d'immigrés ont peu d'enfants.

    vii Les parents français des milieux défavorisés attendent plus du système scolaire que les parents immigrés.

    viii Il est plus complexe pour un enfant d'immigré de construire son identité.

3 a  Ecoutez la première partie de l'enregistrement et trouvez les erreurs dans les bulles.

i
> Conformément à la législation, on scolarise tous les enfants, avec papiers ou pas. Les majeurs de moins de dix-huit ans ont besoin de titre de séjour.

ii
> Oui, Paul est revenu en France il y a cinq mois quand ses parents sont partis. Il est hébergé par une amie.

iii
> Le problème de Paul, c'est qu'il va avoir dix-huit ans et il doit obtenir un titre de retour pour continuer ses voyages.

b  Ecoutez le reste de l'enregistrement et répondez aux questions.

i   Qu'est-il arrivé à Paul?

ii   Qui est intervenu pour l'aider?

iii En quelle classe est-il?

iv Est-ce qu'il travaille bien?

www.educationsansfrontieres.org

4 Réécoutez l'enregistrement et faites les activités interactives.

5 A deux, à l'oral: vous avez un lycéen sans-papiers dans votre classe. (Feuille)

a   Imaginez son nom, sa nationalité, date d'arrivée dans le pays, sa situation familiale. Prenez en compte les problèmes qu'il a pu rencontrer: langue, conflit de cultures, etc.

b   Changez de partenaire et décrivez la personne que vous avez inventée. Prenez note des détails donnés par votre partenaire.

6 Ecoutez l'entretien avec le camarade imaginaire et enregistrez vos réponses.

7 Ecrivez une lettre de soutien pour votre camarade qui est menacé d'expulsion, que vous envoyez à la presse locale. (Feuille)

Grammaire

Relative pronouns with prepositions
– *les pronoms relatifs: dans lequel, duquel, auquel, dont*

In English, you can often omit the relative pronoun ('who', 'which', 'that') and a preposition can be separated from the person or thing it refers to: 'The class (that) Paul is a student **in**…'

In French, the relative pronoun cannot be omitted and the preposition must come before the relative pronoun:

*La classe **dans laquelle** Paul est étudiant…*
(See page 108.)

Expressions clés

le pays d'origine

Elle a été naturalisée.

Elle est hébergée par / logée par…

être expulsé / renvoyé dans son pays d'origine

être placé en centre de rétention

Il a besoin d'un titre de séjour.

Il faut se mobiliser / intervenir…

signer une lettre / une pétition

une demande de régularisation

poursuivre ses études

préparer son bac / un examen

C'est stupide d'interrompre la scolarité.

C'est un élève bien intégré.

Il est apprécié de…

C'est une situation incohérente.

mettre en danger

Now you should be able to:

- talk about factors facilitating integration
- discuss which culture immigrants should show loyalty to
- consider factors making integration difficult
- talk about the experiences of individual immigrants

Grammar

- use conjunctions
- use demonstrative pronouns: *celui, celle, ceux, celles*
- use relative pronouns with prepositions: *dans lequel, auquel, duquel, dont*

Skills

- express well-informed and sophisticated opinions in a debate
- give precise descriptions using complex sentences
- express obligation and support someone's rights

✔ Résumé

1 Comment diriez-vous en français?

The hypermarket puts its staff in the same boat.

2 Complétez la phrase:

Rachida Dati occupe le poste de…

3 Qu'est-ce que l'école laïque interdit?

4 Ecrivez une phrase, en français, qui veut dire à peu près la même chose:

Les adolescents attaquent les véhicules des forces de l'ordre.

5 Traduisez en anglais:

« Je voudrais lancer un appel au calme, de manière à ce que la ville retrouve sa sérénité. »

6 Mettez les pronoms démonstratifs qui conviennent:

« Les poubelles de mon immeuble sont intactes mais …… de l'immeuble voisin ont été détruites. »

« L'abri bus en face est brisé et …… de l'autre côté de la rue est couvert de graffiti. »

7 Complétez la phrase:

« Les jeunes circulaient sur une moto qui… »

8 Pourquoi les enfants d'immigrés sont-ils souvent en échec scolaire?

9 Mettez les pronoms relatifs qui conviennent:

Parmi les jeunes …… les parents sont immigrés, un sur trois a redoublé à l'école dans …… il est scolarisé.

10 Qu'est-ce qu'une garde à vue?

AQA Examiner's tips

Listening
Do not listen to a particular section of the recording more than three times. If you can't understand it, **come back to it later**. You will probably find it easier next time round.

Speaking
Think of **examples to explain why** you like/ think something.

Reading
If you can't find the answer to a question, **move on** and come back to it if there's time at the end.

Writing
Maintain the reader's interest by asking direct questions or using 'let's consider' statements.

La société multiculturelle

6 Le racisme

By the end of this chapter you will be able to:

	Language	Grammar	Skills
A **Raciste, moi?**	discuss the reasons for racism	use possessive pronouns	express clear ideas about important issues
B **Discrimination**	talk about discrimination in employment and education	revise present and past tenses of the passive voice	discuss anti-racism initiatives
C **Victimes**	talk about the victims of racism	use the perfect subjunctive	develop a personal explanation

Le saviez-vous?

Chaque individu sur terre partage 99,99% du même code génétique. En fait, des personnes de groupes raciaux différents peuvent présenter plus de similarités entre elles que des personnes prises au sein d'un même groupe.

Un Français sur trois se dit raciste. C'est ce qui ressort du rapport 2005 de la Commission Nationale Consultative des Droits de l'Homme.

S'informer
www.sos-racisme.org
www.mrap.asso.fr
www.afrik.com

Pour commencer

1 Un préjugé, c'est:
a un passage devant le juge
b la partie d'un jugement
c un parti pris

2 Un bouc émissaire, c'est:
a le mâle de la chèvre
b une personne que l'on accuse
c une personne chargée d'une mission

3 Un cliché, c'est:
a une image négative
b une photo
c une idée toute faite

4 Le harcèlement, c'est:
a tourmenter une personne
b parler à une personne
c se disputer avec quelqu'un

5 Une blague, c'est:
a un mensonge
b une histoire drôle
c un mot raciste

A   Raciste, moi?

1   a 🎧 Ecoutez le passage. Recopiez et complétez
la transcription.
Etes-vous d'accord ou pas?

> Le ...... est l'un des ...... humains les plus ...... car il ne
> demande aucun ....
>
> Il offre une ...... magique aux ...... comme le ...... ou la
> ...... , mettant la ...... sur des boucs émissaires.

b Traduisez la transcription en anglais.

Le racisme, d'où ça vient?

Etre raciste, c'est croire qu'il existe différentes races et que certaines sont supérieures aux autres. En fait, les races n'existent que chez les animaux. On ne doit pas parler de différentes races humaines mais d'un seul genre humain.

Malgré tout, des personnes affirment le contraire pour justifier une domination ou des persécutions envers certains groupes de personnes, distinguées par leur apparence physique, leurs habitudes, leurs idées, leur religion...

Globalement, nous avons souvent du mal à accepter nos différences. Nous avons peur de l'inconnu, nous cherchons à éviter ce que nous ne comprenons pas. C'est pourquoi nous avons tendance à rejeter celui qui est différent, l'étranger, car sa langue, ses coutumes sont incompréhensibles.

Personne n'est donc à l'abri de mépriser celui qui est différent. Le racisme est apparenté à la haine, la peur, le préjugé, l'ignorance, l'intolérance et l'idéologie de supériorité culturelle ou personnelle. Connaître le plus de monde possible permet de ne pas généraliser nos jugements, c'est-à-dire ne pas s'imaginer que des personnes qui ont la même apparence, la même religion, le même métier, le même âge, ont forcément les mêmes défauts. Pour lutter contre nos réflexes racistes et xénophobes, il faut aller vers les autres car les clichés parasitent notre univers.

Ce serait tellement triste si tout le monde se ressemblait!

2   a Lisez le texte. Reliez les mots aux définitions.

i	la persécution	a	sentiment d'antipathie
ii	une coutume	b	expression trop souvent utilisée
iii	un préjugé	c	hostilité à ce qui est étranger
iv	l'intolérance	d	manque de connaissances
v	la haine	e	opinion préconçue
vi	la xénophobie	f	manque d'indulgence et de compréhension
vii	un cliché	g	traitement injuste et cruel
viii	l'ignorance	h	habitude collective d'agir

b **Vrai ou faux? Corrigez les erreurs dans les phrases suivantes:**

i   Il existe différentes races chez les hommes.

ii   Pour dominer, certains affirment que les races existent.

iii   Celui qui est différent est accepté.

iv   Il faut apprendre à connaître les autres.

v   Notre univers est plein de clichés.

vi   Connaître des personnes d'origines variées nous enrichit.

vii   Si on se ressemblait tous, le monde serait plus intéressant.

Vocabulaire

le genre *kind*

malgré tout *in spite of everything*

avoir du mal à *to have difficulty in*

l'inconnu *the unknown*

la coutume *custom*

être à l'abri de *to be safe from*

mépriser *to despise*

le défaut *fault*

lutter *to fight*

triste *sad*

se ressembler *to resemble each other, to be the same*

3 💡 A l'oral: faites une liste des comportements quotidiens que vous considérez comme racistes. Discutez-en avec le reste de la classe. (Feuille)

> ### Vidéo: un incident critique
>
> Deux enseignants discutent dans la salle des profs. Au cours du mois dernier, plusieurs incidents de vol à la tire ont été constatés dans l'école.
>
> vol à la tire *pickpocketing*

4 a 💡 🎞 Regardez la vidéo, faites les activités interactives et répondez aux questions suivantes:

1ère scène	Qu'auriez-vous fait à la place du principal?

2ème scène	Pensez-vous que l'affaire a été résolue de manière satisfaisante?

3ème scène	Et maintenant, que pensez-vous du fait que le garçon soit innocent?

b 🎞 Qu'auraient dû faire les enseignants, le père de Fouad et le principal pour être équitables dans cette affaire?

5 💡 En vous aidant du vocabulaire du texte à la page 50, répondez à la question suivante:
« Etre raciste », ça veut dire quoi à votre avis? (Feuille)

💡 Grammaire

Possessive pronouns
– *les pronoms possessifs*
Used after verbs to express the idea of possession: 'yours', 'hers', 'mine'.

It has to agree in gender and number with the noun it replaces. (See page 109.)

le mien   la mienne
les miens   les miennes   (mine)

Je considérerai ton avis et je donnerai le mien.
I'll consider your opinion and I'll give mine.

Expressions clés

Le racisme, c'est la peur de l'autre.

C'est rejeter quelqu'un à cause de sa couleur, sa nationalité, son origine sociale, sa religion.

Les plaisanteries racistes sont très répandues.

Nous avons tous des clichés en tête.

On est tous un peu racistes au fond de nous.

Nous avons tous des faiblesses sur lesquelles le racisme peut s'enraciner.

le harcèlement physique / verbal

Discrimination

Recherche employé service entretien
Profil: race blanche, bonne tête,
dynamique, esprit d'initiative.
Volonté d'apprendre et de s'intégrer.

Recherche fille ou garçon, 25 / 26 ans
Bac pro commercial ou BTS
commercial
TB présentation (BCBG). Pas typé.

ANPE: Agence nationale pour l'emploi
TB: très bonne
BCBG: bon chic bon genre
typé *foreign-looking*

Vocabulaire

beur *2nd generation North African
living in France*

la Cour d'appel *Court of Appeal*

le fabricant *manufacturer*

coupable *guilty*

une animatrice / un animateur
sales / promotions staff

la grande surface *hypermarket*

une amende *fine*

prison avec sursis *suspended
sentence*

les dommages et intérêts
damages

les frais *expenses*

une agence d'intérim *temping
agency*

l'inspection (f) du travail
factory inspectorate

une équipe *team*

le fichier *file*

1
a Regardez les deux petites annonces à gauche et relevez les expressions discriminatoires.

b Pourriez-vous trouver de telles offres d'emploi dans votre pays?

Garnier, condamné pour discrimination raciale

Leurs publicités sont black, blanc, beur et même jaune. Mais pour vendre leurs produits, mieux valait être bleu blanc rouge. La Cour d'appel de Paris a condamné le fabricant de cosmétiques Garnier qui a été reconnu* coupable d'avoir demandé d'exclure les candidates d'origine arabe, africaine ou asiatique d'emplois d'animatrices en grandes surfaces, lors d'une campagne promotionnelle pour les produits Fructis Style.

Les sociétés de travail temporaire qui recrutaient pour Garnier sont également condamnées*. Chaque société devra payer 30 000 euros d'amende. Une de leurs employées est condamnée* à trois mois de prison avec sursis. Les condamnés devront également payer 35 000 euros de dommages et intérêts à SOS-Racisme, ainsi que 10 000 euros de frais de procédure.

L'accusation s'appuie sur une mention portée sur un fax, envoyé par Garnier aux agences d'intérim. Ce document précisait les exigences requises pour les animatrices commerciales: être âgée de 18 à 22 ans, faire une taille de vêtements entre 38 à 42 et avoir le type « BBR ». Trois discriminations en tout, âge, physique et ethnie. Cette mention BBR, qui signifie bleu blanc rouge, est une référence à la fête annuelle du Front national, et un code raciste connu des agences d'intérim pour exclure les candidats de couleur.

Une enquête de l'inspection du travail a montré que pour la campagne Fructis, les candidats noirs, asiatiques et arabes avaient été quasi-exclus du recrutement de l'équipe, où ils ne représentaient que 4% des employés, alors qu'ils sont environ 40% dans les fichiers sur ce type d'emplois.

* *the passive voice: see page 116*

2
a Lisez l'article. Reliez les expressions i–vi à leur équivalent.

i la société a été reconnue coupable

ii les emplois d'animatrices en grandes surfaces

iii les sociétés de travail temporaire

iv une enquête de l'inspection du travail

v les fichiers sur ce type d'emploi

vi exclure les candidates de couleur

a une expertise faite par les autorités

b la compagnie est fautive

c évincer les postulantes non blanches

d le personnel de promotion dans les hypermarchés

e les entreprises d'emplois intérimaires

f les registres de ce genre de travail

b Relisez l'article et répondez aux questions.

i Dans l'article, à quoi correspondent ces chiffres?

35 000 euros: 3 mois de prison:
10 000 euros: 30 000 euros:

ii Quels sont les trois éléments discriminatoires chez Garnier? Donnez des détails.

iii Expliquez ce que veut dire « BBR ».

3 a  Ecoutez Abdel et Nedjma parler de leur expérience face au monde du travail. Associez un nom, Abdel ou Nedjma, à chaque information:

i   26 ans
ii   BTS action commerciale *diploma*
iii DEA de management *foundation*
iv   25 ans
v   DEUG d'allemand *almost a degree*
vi   maîtrise de droit
vii assistant du directeur d'une PME
viii travaille pour une chaîne de restauration rapide

Abdel

Nedjma

b  Réécoutez et dites si les phrases sont vraies ou fausses. Corrigez les phrases qui sont fausses.

i   Depuis qu'il a changé de nom, Thomas a moins d'entretiens d'embauche.
ii   Il a envoyé de nombreuses lettres de motivation.
iii Il est fier d'avoir changé son prénom.
iv   Il vient de trouver du travail.
v   Cela fait trois ans que Nedjma a terminé ses études.
vi   Son prénom lui déplaît.
vii Elle est immigrée de troisième génération.
viii Elle préfère contacter des organisations antiracistes en cas de discrimination.
ix   Elle fait du baby-sitting.

4 💡🎧 Ecoutez le reportage sur SOS-Racisme et faites les activités interactives.

5 💡 Que pensez-vous de la décision d'Abdel? Et de celle de Nedjma? Discutez-en avec un(e) partenaire. (Feuille)

6 💡 Faites des recherches et résumez les mesures prises pour combattre le racisme en France. Comparez-les avec celles prises au Royaume-Uni. Sont-elles suffisantes? (Feuille)

Expressions clés

Moi, je suis d'accord avec…
Je comprends la décision de…
J'aurais fait la même chose.
Je refuse / Il est hors de question que…
Ce n'est pas juste.
Je trouve ça choquant / inadmissible.
On devrait juger les gens par rapport à leurs compétences, pas par rapport à leur faciès.
Il ne fait aucun doute que…
On dirait que…
Je me demande si…
… que l'on peut comparer à…

Compétences

Discuss anti-racism initiatives

In order to consider the effectiveness of measures to eliminate racism involving:

* the legal system
* anti-racist pressure groups
* the education of society as a whole

… you need to gather information and also a range of good expressions.

Introducing the subject:
Aujourd'hui, il faut dire stop à…

Reporting an event:
J'ai entendu à la radio…

Relating personal experiences:
J'en ai fait l'expérience à plusieurs reprises…

Assessing effectiveness:
Cela (n') est (pas) une bonne solution parce que…

C Victimes

Rachel s'est fait agresser en revenant de l'école. Sa faute: revenir de l'école et être juive.

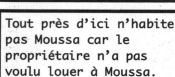

Ligue internationale contre le racisme et l'antisémitisme
LICRA

ATTENTION ÇA COMMENCE VRAIMENT À SENTIR LE RACISME

Tout près d'ici n'habite pas Moussa car le propriétaire n'a pas voulu louer à Moussa.

LICRA
La Ligue internationale contre le racisme et l'antisémitisme

ATTENTION ÇA COMMENCE VRAIMENT À SENTIR LE RACISME

Le videur a dit à Abdel «soirée privée». Privée d'Abdel.

LICRA
Ligue internationale contre le racisme et l'antisémitisme

ATTENTION ÇA COMMENCE VRAIMENT À SENTIR LE RACISME

LICRA: Ligue internationale contre le racisme et l'antisémitisme

Vocabulaire

être le théâtre de *to be the scene of*
le répit *respite, rest*
être pris à parti *to be picked on*
le gamin *kid*
tenter *to attempt*
le domicile *home*
inscrire *to write*
la croix gammée *swastika*
faire l'objet de *to be the subject of*
taguer *to graffiti*
envahir *to invade*
déménager *to move house*

---

1 A deux, discutez du contenu des ces trois affiches de la LICRA, à gauche. Y a-t-il des campagnes similaires au Royaume-Uni?

Un petit alsacien d'origine congolaise victime d'attaques racistes

Le petit village français de Breitenbach, en Alsace, est, depuis quelques semaines, le théâtre d'attaques racistes. Les parents adoptifs de Quentin ne connaissent plus de répit. Il y a un mois, leur fils d'origine congolaise, 9 ans, est pris à parti par cinq gamins âgés de 10 à 14 ans dans une rue du village, alors qu'il joue avec trois de ses camarades de classe. L'un d'eux le menace d'un couteau et d'autres tentent ensuite de brûler ses vêtements. Trois de ses agresseurs sont aussi des camarades de classe.

Dans la nuit de jeudi à vendredi, ce sont aux murs bleus du domicile familial qu'on s'est pris en y inscrivant des croix gammées et le mot «nègres». Malheureusement, ce n'est pas la première fois que la famille fait l'objet d'attaques racistes. Leurs murs ont déjà été tagués de croix gammées et de propos haineux puis leur boîte aux lettres a été envahie de courriers anonymes. Ils ont décidé de déménager et d'aller s'installer dans une autre région de France.

2 a Lisez l'article. Numérotez les événements suivants dans l'ordre du texte.

- On essaie de **mettre le feu** à ses habits
- Envois de **lettres** de menace
- Quentin **s'amuse** dehors
- La famille va **habiter ailleurs**
- Des propos haineux sont inscrits sur **la maison**
- Quentin est menacé **à l'arme blanche**

b Dans l'article, trouvez les synonymes des mots soulignés ci-dessus.

c Posez des questions à votre partenaire pour obtenir le plus de détails possible sur:

la victime   les coupables de l'attaque   la nature des actes racistes

3 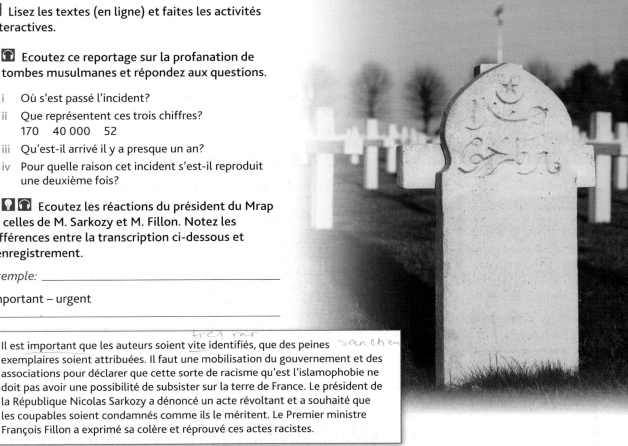 Lisez les textes (en ligne) et faites les activités interactives.

4 a Ecoutez ce reportage sur la profanation de tombes musulmanes et répondez aux questions.

i Où s'est passé l'incident?

ii Que représentent ces trois chiffres?
170   40 000   52

iii Qu'est-il arrivé il y a presque un an?

iv Pour quelle raison cet incident s'est-il reproduit une deuxième fois?

b Ecoutez les réactions du président du Mrap et celles de M. Sarkozy et M. Fillon. Notez les différences entre la transcription ci-dessous et l'enregistrement.

Exemple: _____

important – urgent

_____

> Il est important que les auteurs soient vite identifiés, que des peines exemplaires soient attribuées. Il faut une mobilisation du gouvernement et des associations pour déclarer que cette sorte de racisme qu'est l'islamophobie ne doit pas avoir une possibilité de subsister sur la terre de France. Le président de la République Nicolas Sarkozy a dénoncé un acte révoltant et a souhaité que les coupables soient condamnés comme ils le méritent. Le Premier ministre François Fillon a exprimé sa colère et réprouvé ces actes racistes.

(handwritten: très rare; sanction)

5 Que feriez-vous si vous vous trouviez face à ces situations? (Feuille)

- Vous êtes immigré(e). Dans le bus ou le métro, une personne change de place au moment où vous vous asseyez à côté d'elle.
- Vous vous faites refuser l'entrée dans une boîte de nuit parce que vous êtes noir(e).
- Votre maison a été couverte d'inscriptions antisémites sous prétexte que vous êtes juif/juive.

6 Relisez l'article à la page 54. Imaginez que votre enfant est l'un des agresseurs. Ecrivez une lettre d'excuse à la famille de Quentin. (Feuille)

7 Jeu de rôle: écoutez le dialogue et enregistrez vos réponses.

Grammaire

The perfect subjunctive – *le subjonctif passé*

It is used when the action happens before that of the main verb.

Present subjunctive: *Je suis content (maintenant) que la société **perde** le procès (maintenant).*

Perfect subjunctive: *Je suis content (maintenant) que la société **ait perdu** le procès (la semaine dernière).*

It is similar to the indicative perfect (the "normal" perfect tense), but uses *avoir* and *être* in the present subjunctive. See page 115.

Expressions.clés

Il faut régler le problème.

Ces incidents sont inacceptables.

Un tel comportement est inadmissible.

Je trouve que…

Je ne supporte pas…

Je suis déçu par…

Je regrette que / Je suis désolé que mon fils ait agressé Quentin.

Je suis étonné que / Je suis surpris que les enfants aient eu un tel comportement.

Il faut qu'il prenne conscience de la gravité du problème.

■ **La société multiculturelle** 6 Le racisme

Now you should be able to:

- ■ discuss the reasons for racism
- ■ talk about discrimination in employment and education
- ■ talk about the victims of racism

Grammar

- ■ use possessive pronouns
- ■ revise present and past tenses of the passive voice
- ■ use the perfect subjunctive

Skills

- ■ express clear ideas about important issues
- ■ discuss anti-racism initiatives
- ■ develop a personal explanation

✓ Résumé

1 Complétez la phrase:

SOS Racisme, c'est...

2 Comment diriez-vous cette phrase en français ?

He feels he has disowned his true identity.

3 Mettez les pronoms possessifs qui conviennent:

Recruteur:	Ce CV est ...... ?
Claire:	Non, ce n'est pas ......
Recruteur:	Et cette lettre, c'est bien ...... ?
Claire:	Oui, c'est ......

4 Qu'est-ce qu'un "beur"?

5 Remettez les mots dans l'ordre.

nos généraliser plus de jugements pas
Connaître de monde ne permet

6 Traduisez en anglais:

Personne n'est à l'abri de mépriser celui qui est différent.

7 Le "testing", c'est quoi exactement?

8 Que s'est-il passé au cimetière militaire près d'Arras?

9 Complétez avec des verbes au subjonctif passé.

Je suis désolé que cet incident ...... (**se passer**). Je regrette que mon fils ...... (**attaquer**) Quentin. Je suis surpris qu'il ...... (**faire**) ça.

10 Quel mot décrit une attitude raciste contre l'Islam?

AQA ⟋ Examiner's tips

Listening

If numbers are needed in your answers, it is quicker to write the **number in figures**, e.g. *20* rather than *vingt*.

Speaking

If you're asked for 'reasons why', offer **several different points**.

Reading

Pay attention to the **mark scheme**: *2 marks* means that the examiner wants two details.

Writing

Build your essay up from simple sentences and use **link phrases** to connect ideas.

56

Problèmes sociaux contemporains

7 Richesse et pauvreté

By the end of this chapter you will be able to:

	Language	Grammar	Skills
A L'embarras des riches	▪ talk about wealth and poverty, including links to health and social unrest	▪ use the conditional perfect	▪ adapt others' opinions to express your own
B Les racines de la misère	▪ discuss the causes of poverty in Europe and developing countries	▪ use comparative and superlative adjectives	▪ construct dialogues using various sources
C Solidarité globale?	▪ discuss debt and aid programmes in developing countries	▪ use dependent infinitives (revisited)	▪ adapt online text and data for presentations

▪ Le saviez-vous?

From rags to riches?

La fabrication artisanale du papier à partir du lin continue au Musée du Papier "Le Nil", à Angoulême, où on cite le poème suivant qui raconte comment les mendiants aidaient à créer la richesse:

Les mendiants font les chiffons.
Les chiffons font le papier.
Le papier fait la monnaie.
La monnaie fait les banques.
Les banques font les emprunts
Les emprunts font les mendiants...

le lin *linen*
le chiffon *rag*

▪ Pour commencer

Choisissez la bonne réponse.

1 Un chômeur est...
a actif
b fictif
c inactif
d radioactif

2 Les prestations sociales...
a aident les gens précaires
b provoquent la précarité
c s'adressent aux riches
d augmentent la pauvreté

3 Un SDF est sans...
a dettes financières
b doute familier
c devises françaises
d domicile fixe

4 Dans les pays d'Europe de l'est, combien de gens vivaient dans la pauvreté à la fin des années 90?
a 5 millions
b 50 millions
c 150 millions
d 500 millions

5 L'Unicef, c'est quoi?
a un mouvement universitaire
b une association caritative
c un pays d'Afrique
d une agence de presse

A L'embarras des riches

1 Choisissez les pensées de l'homme riche et du clochard.

Exemple: _____

A: L'homme riche pense: « Je mérite mieux que ça ». Il a travaillé dur et il n'apprécie pas les clochards dans la rue.

B: Mais non, le clochard pense: « Je mérite mieux que ça ». Il n'a pas eu de chance et il n'aime pas les riches sans conscience morale.

> Je mérite mieux que ça.

> La richesse se donne seulement à ceux qui la méritent.

> Vous n'appréciez pas mes problèmes.

> Vous ne contribuez à rien.

> La pauvreté n'est pas ma responsabilité.

> Plus on partage, plus on est riche.

2 a Lisez le texte et reliez les termes français et anglais.

Les Français, ayant plus de temps et plus d'argent, ont par conséquent plus de pouvoir d'achat. Le seuil de richesse correspond au double du niveau de vie médian: 2 700€ net par mois pour un individu, 4 450€ pour un couple et 5 680€ pour un couple avec deux enfants.

Par contre, le seuil de pauvreté correspond à la moitié du revenu médian, moins de 700€ net par mois. Il y a donc 3,5 millions de pauvres en France ou, selon les critères européens (seuil de pauvreté = 60% du niveau de vie médian), jusqu'à sept millions, soit 12 % des ménages.

i	le pouvoir d'achat	a	*wealth threshold*
ii	le seuil de richesse	b	*average standard of living*
iii	le niveau de vie médian	c	*European criteria*
iv	le seuil de pauvreté	d	*average income*
v	le revenu médian	e	*purchasing power*
vi	les critères européens	f	*poverty threshold*

b Traduisez le texte en anglais.

c C'est comment dans votre pays? Adaptez le texte.

3 a 🔦🎧 Ecoutez deux jeunes parler de leur vie et faites les activités interactives.

b 🎧 Rédigez les textes à partir des notes, puis réécoutez pour vérifier.

Exemple: _____

J: Je me suis peu intéressé au collège...
M: J'ai été mal scolarisé, parce que...

Vocabulaire

le/la SDF: sans domicile fixe *homeless person*

le chômeur *an unemployed person*

le licenciement *redundancy*

mendier *to beg*

se ficher de (fam.) *not to give a damn about*

scolariser *to educate*

bosser (fam.) *to work*

défavorisé *underprivileged*

actif *(of) working (age)*

percevoir *to earn*

traité de racaille *branded as scum*

manifester *to protest*

précaire *precarious, unsound*

Jérôme, 27 ans, SDF et chômeur
peu intéressé collège, emploi: pas de diplôme, usine
se droguer, copains: disputé avec parents
licenciements usine, logement: clochards, rues, mendier
voler de l'argent, malade: tout perdu
attitude des riches: se fichent

Jérôme

Mathieu, 27 ans, footballeur au PSG
mal scolarisé, sportif: contrat PSG
entraînement, matches: dur, salaire
voitures, vacances, copine: chance, bosse dur, mérite
pauvres: son affaire? auraient pu trouver emploi
services de santé

Mathieu

4 a 🔊 Deux étudiantes parlent de Mathieu et de Jérôme. Ecoutez: vous êtes d'accord avec qui? Ecrivez vos opinions.

b 💡 A deux. Echangez vos opinions. (Feuille)

« *Société malade?* »

En France on meurt plus tôt et les problèmes de santé surviennent plus précocement chez les défavorisés. En 2006, 9,2 millions de Français actifs avaient un problème durable de santé ou un handicap. Le taux d'emploi de cette population n'était que de 44 %, contre 65 % pour la population dont la capacité de travail restait intacte. En classe de troisième, 7,4 % des enfants d'ouvriers non qualifiés étaient obèses contre moins de 0,7 % des enfants de cadres.

Les inégalités monétaires apparaissent donc à beaucoup de Français comme des injustices. On se demande s'il est normal qu'un grand patron gagne autant que plusieurs centaines de ses salariés mal payés, ou que des stars et des grands sportifs perçoivent des millions d'euros pour quelques semaines de travail.

Quant aux milliers de jeunes chômeurs, l'avenir reste incertain sur tous les plans: souvent malades car mal nourris et mal logés, mal scolarisés et traités de "racaille" par Nicolas Sarkozy, dès qu'ils manifestent dans les rues, ils n'ont aucune possibilité d'échapper à la pauvreté ni à la violence et la délinquance qui en résultent. Ainsi tourne la roue de la pauvreté: aucune réussite scolaire, aucun diplôme, la santé précaire, le chômage et la vie en marge.

5 Lisez le texte, trouvez les quatre phrases vraies et corrigez les erreurs.

a L'espérance de vie des défavorisés est plus courte que celle des gens bien payés.

b Le taux d'obésité des enfants de cadres est nettement supérieur à celui des enfants d'ouvriers.

c Beaucoup de Français se fichent des inégalités monétaires de la société.

d Ils trouvent anormal l'écart entre le salaire des grands patrons et celui de leurs employés.

e Certaines vedettes travaillent peu pour gagner beaucoup.

f Des centaines de jeunes sont au chômage.

g Les chômeurs qui manifestent ont mauvaise réputation chez le président de la République.

h L'inclusion sociale les attend.

6 💡 Ecrivez quelques phrases sur chaque aspect de la richesse et la pauvreté dans votre pays. (Feuille)

- le chômage
- le logement
- la scolarisation
- les maladies
- la violence

Expressions clés

L'attitude des riches me dégoûte.

Ils sont chanceux / touchent des salaires fabuleux sans contribuer à la société.

Ils auraient pu partager leur fortune avec les défavorisés.

La pauvreté entraîne souvent des conséquences terribles.

C'est déprimant / honteux / inadmissible / scandaleux!

Les pauvres auraient pu s'intéresser plus au collège.

Les riches ne sont pas responsables des gens en situation précaire.

Si on a aidé à créer la richesse on a le droit de la partager.

On ne devient pas riche si on ne le mérite pas.

💡 Grammaire

The conditional perfect – *le conditionnel antérieur*

Use the **conditional** of the auxiliary (*avoir/être*) and add the **past participle** of the main verb, to say what would/should/could have happened. See page 114.

*Il **aurait dû** travailler un peu plus.*

*Il ne **serait** pas **devenu** footballeur professionnel s'il n'avait pas eu la chance d'être sportif.*

B Les racines de la misère

1 **a** Reliez les titres (i–viii) et les images (A–H).

i   le chômage

ii la scolarité de courte durée et un faible niveau de qualification

iii les ruptures familiales

iv la famine

v   les catastrophes naturelles

vi l'endettement

vii les problèmes de santé

viii la mondialisation

b Classez par ordre d'importance les causes de la pauvreté selon vous. (1 = la cause la plus profonde, 8 = la moins profonde)

Exemple: _____

A: La scolarité de courte durée: si on n'est pas bien scolarisé, on ne trouve pas de travail.

B: Le chômage: même avec peu de qualifications, on peut travailler, mais s'il n'y a pas de travail…

_____

2 **a** Lisez le texte sur l'emploi en France. Reliez les expressions aux synonymes.

Les taux de chômage en Europe en 2007 (en % de la population active)

Allemagne 8,4	Luxembourg 4,7
Autriche 4,4	Norvège 2,6
Belgique 7,5	Pays-Bas 3,2
Danemark 3,8	Pologne 9,6
Espagne 8,3	Portugal 8,0
Finlande 6,9	Royaume-Uni 5,3
France 8,3	Rép. tchèque 5,3
Grèce 8,3	Slovaquie 11,1
Hongrie 7,4	Suède 6,1
Irlande 4,5	Suisse 3,6
Italie 6,1	OCDE Europe 7,1

© OECD 2008

Sept millions d'actifs en France sont en situation de précarité, dont 2,7 millions de chômeurs. Un tiers des nouvelles embauches dans les entreprises de plus de 50 salariés fait l'objet de contrats à durée déterminée, un tiers concerne un emploi à temps partiel. Les jeunes sont les plus touchés, le taux des 15 à 29 ans remontant à 17% en situation de précarité. Le taux de chômage des personnes sans diplôme a atteint 15%. Une part importante des jeunes chômeurs ont eu une scolarité courte et une qualification faible, ce qui explique leur difficulté à trouver un emploi.

Selon les comparaisons internationales, la France a moins bien réussi à préserver l'emploi que ses partenaires de l'Union européenne. Trois pays seulement ont des taux de chômage plus élevés: l'Allemagne, la Pologne et la Slovaquie.

D'après G. Mermet, Francoscopie 2007 © Larousse 2006

i   sont en situation de précarité

ii   chômeurs

iii un tiers des nouvelles embauches

iv   à durée déterminée

v   les plus touchés

vi   ont eu une scolarité de courte durée

vii un faible niveau de qualification

viii a réussi

a inactifs

b à temps fixe

c peu de ou aucun diplôme

d ont été peu scolarisés

e a eu du succès

f risquent de ne pas travailler

g trente-trois pour cent des postes créés

h ceux qui sont les plus concernés

Vocabulaire

une embauche *start, job*

la durée déterminée *fixed term*

à temps partiel *part-time*

remonter à *to reach*

atteindre *to reach*

important *significant*

plus élevé *higher*

2 b A deux: relisez le texte (page 60) et posez des questions.

Exemple: _____

A: Combien de Français sont au chômage?

B: Sept millions. Combien de nouveaux postes sont à temps partiel?

_____

c A deux: formulez des questions "vrai ou faux?" sur les pourcentages de la page 60.

Exemple: _____

A: Le Royaume-Uni a un taux de chômage plus élevé que l'Allemagne.

B: Faux. La France a un taux de chômage plus bas que…

_____

3 a 💡 Lisez le texte sur l'Europe de l'Est et faites les activités interactives.

b 🎧 Lisez les extraits du dialogue et notez F (fait) ou O (opinion), puis écoutez Elona et Antonin pour vérifier.

Exemple: _____

i – O

_____

i	Au début du deuxième millénaire, beaucoup plus de gens des pays d'Europe de l'Est vivaient dans la pauvreté que sous les régimes communistes.
ii	Plus de 30% des habitants de Hongrie vivaient sous le revenu minimum.
iii	Le taux de pauvreté était cinq fois plus élevé que celui de la France.
iv	Avant la chute du communisme, les gens n'avaient pas de liberté civile mais ils bénéficiaient de plus de protection sociale.
v	En Hongrie, 1,5 million d'emplois ont été supprimés à cause des privatisations.
vi	La privatisation détruit tous les services publics.
vii	Les salaires ont chuté, et la pauvreté et le chômage ont augmenté.
viii	On est mieux éduqué sous un système d'enseignement public.
ix	Les inégalités dans la société sont devenues de plus en plus évidentes.
x	Les problèmes de nutrition, de santé et de logement des gens pauvres sont entièrement dus au marché du travail flexible.
xi	Si les gens pauvres ont aujourd'hui plus de libertés civiles, ils n'ont pourtant pas les moyens d'en profiter.

4 a 💡 A deux: utilisez les faits et opinions ci-dessus pour faire un dialogue. Réécoutez Elona et Antonin et comparez. (Feuille)

b 💡 A l'écrit: « Les causes de la pauvreté en Europe de l'Est et en France ». (Feuille)

💡 Grammaire

Comparative and superlative adjectives

Add the definite article to turn **comparative** adjectives into **superlatives**. See page 105.

*Le taux de chômage est **plus élevé qu'**en France.*

*C'est le taux de chômage **le plus élevé** d'Europe.*

*Les jeunes sont **les plus concernés**.*

Elona

Antonin

■ Expressions clés

C'est ton opinion, et peut-être la mienne aussi, mais…

On n'en a pas la preuve.

On ne peut pas dire qu'ils n'avaient pas de libertés civiles du tout.

Il me semble bien que plus de gens vivaient dans la pauvreté / qu'ils bénéficiaient de beaucoup plus de protection sociale.

C'est sûr qu'ils avaient le plein emploi / que les inégalités sont devenues plus évidentes.

Il est indéniable que les salaires ont chuté.

C   Solidarité globale?

Speech bubble: ...VOUS ÊTES SÛR QU'IL N'Y A PAS DE MARCHE ARRIÈRE?...

*La dette du tiers-monde –
un frein au développement?*

1 Traduisez en anglais et expliquez la signification du dessin, puis choisissez ou écrivez une légende.

L'Ouest avance, le Tiers-Monde s'incline

Les pays de l'Ouest rencontrent les pays en développement

Sommet des pays riches et des pays en développement

Les pays riches font disparaître les problèmes du Tiers-Monde

Dette, aide et autonomie

La véritable leçon des événements de la fin du premier millénaire s'impose: l'issue à la dette n'est pas la dette elle-même. En régénérant l'Europe de l'ouest après la Seconde Guerre mondiale, le "Marshall Plan" a aussi condamné une large partie du Tiers-Monde à la dépendance commerciale, technologique et financière. Après la crise du pétrole pendant les années 70, les pays riches ont imposé des intérêts variables sur les prêts aux tiers nations, qui par conséquent n'auraient pas pu s'en sortir sans changement de politique de croissance, de développement et de dette.

La dette n'est qu'un simple révélateur. En définitive, il faut permettre aux pays du Tiers-Monde de profiter eux aussi de la croissance et du développement, en leur accordant une plus grande autonomie.

En attendant, les pays en développement continuent à bénéficier de programmes d'aide et de développement essentiels, grâce à de nombreuses associations caritatives internationales, y compris:

L'Unicef France qui a pour mission d'informer le public français sur les problèmes des enfants dans les pays en développement, et plus particulièrement dans les situations de détresse.

Médecins Sans Frontières qui, depuis plus de trente ans, apporte une assistance médicale à des populations aux prises avec des crises menaçant leur survie: principalement en cas de conflits armés, mais aussi d'épidémies, de pandémies, de catastrophes naturelles ou encore d'exclusion des soins.

Oxfam: grâce à ses campagnes internationales, chaque jour des enseignants, des médecins et des infirmières changent la vie des gens. Refusant la fatalité, ils s'efforcent d'apporter un enseignement et des soins de santé de qualité.

Vocabulaire

la marche arrière *reverse (gear)*

véritable *real*

s'imposer *to be assertive / convincing*

l'issue (à la dette) *the solution (to debt)*

le révélateur *indicator*

accorder *to grant, allow*

une association caritative *charitable foundation, charity*

aux prises avec *struggling against*

s'efforcer d'apporter *to strive to provide*

2 a 🎧 Lisez le texte et répondez aux questions, puis écoutez et vérifiez.

i   Qu'est-ce que les dernières années du 20ème siècle nous ont fait comprendre*?

ii Qu'est-ce qui a régénéré les pays d'Europe de l'ouest en période d'après-guerre?

iii Quels pays n'ont pas pu en profiter?

iv Comment pourrait-on y encourager la croissance et le développement?

v   Quelle association se soucie en particulier des victimes de guerres et de luttes violentes?

vi Elle intervient aussi dans quels cas?

vii L'Unicef se spécialise dans quoi?

viii Oxfam fait penser* à quelle catastrophe naturelle? Quels sont ses autres domaines d'intervention?

*faire comprendre, faire penser: *see dependent infinitives, page 118*

b 🎧 A deux: réécoutez puis répondez de mémoire aux questions.

Exemple: _____

A: Que se passerait-il si on changeait...?

B: Les pays en développement auraient... Ils pourraient exporter leurs produits et...

3 a 💡 Lisez les textes (en ligne) sur les Objectifs du Millénaire pour le Développement (OMD) et faites les activités interactives.

b Mettez les objectifs A–H dans l'ordre du rapport OMD.

A la promotion d'un environnement durable

B la réduction de la mortalité infantile

C la réduction de la pauvreté et de la faim

D la lutte contre le sida, le paludisme et autres maladies

E la mise en place d'un partenariat mondial pour le développement

F l'enseignement primaire pour tous

G l'égalité entre hommes et femmes

H l'amélioration de la santé maternelle

Objectifs du Millénaire pour le développement

c 🎧 Lisez les phrases i–x. Ecoutez l'interview et notez le numéro des phrases que vous entendez.

i On a fait des progrès mais beaucoup reste à faire.

ii D'abord parce que la réussite est mal répartie.

iii En Asie, la pauvreté baisse lentement, grâce à la croissance économique.

iv En Afrique subsaharienne, le nombre de personnes très pauvres s'est stabilisé.

v Il est probable qu'on atteigne la cible fixée.

vi Je suis plus pessimiste en ce qui concerne l'enseignement primaire.

vii L'Afrique subsaharienne est en avance sur d'autres régions, avec 30% des enfants non scolarisés.

viii Seul un des huit groupes régionaux risque d'atteindre tous les objectifs.

ix Toutes les régions rencontrent des difficultés dans les domaines de la santé et de l'environnement.

x Au minimum, les pays développés doivent tenir entièrement leur promesse.

d 🎧 Corrigez les erreurs dans les phrases qui restent (ci-dessus), puis réécoutez et vérifiez.

e 💡 A deux: rejouez l'interview. (Feuille)

4 💡 ✎ Ecoutez la conversation puis enregistrez vos réponses.

5 💡 A l'écrit: « La solidarité globale: seule solution ou rêve impossible à réaliser? » (Feuille)

Expressions clés

La réussite du projet est encore possible / inégalement répartie.

(En Asie) la pauvreté baisse rapidement.

Il se peut qu'on n'atteigne pas la cible fixée.

Je suis optimiste en ce qui concerne l'éducation / la scolarisation / la réduction de la faim.

(L'Afrique subsaharienne) reste à la traîne derrière d'autres régions.

Le problème du chômage des jeunes me semble insurmontable, ainsi que les inégalités entre les sexes / la déforestation / la pénurie d'eau / la forte prévalence du VIH

Il faut doubler l'aide accordée à l'Afrique.

L'accès libre au marché global sans condition pour tous les pays en développement est absolument essentiel.

🗈 Compétences

Adapting online text and data for presentations

Enhance presentations by:

- highlighting key phrases for bullet points
- simplifying or adapting data electronically
- combining statements with questions to involve listeners.

Now you should be able to:

■ talk about wealth and poverty, including links to health and social unrest

■ discuss the causes of poverty in Europe and developing countries

■ discuss debt and aid programmes in developing countries

Grammar

■ use the conditional perfect

■ use comparative and superlative adjectives

■ use dependent infinitives (revisited)

Skills

■ adapt others' opinions to express your own

■ construct dialogues using various sources

■ adapt online text and data for presentations

✓ Résumé

1 A quoi correspond le seuil de richesse?

2 Mettez les verbes au conditionnel antérieur:

Mathieu ...... (**pouvoir**) s'intéresser un peu plus au collège, comme ça il ...... (**avoir**) plus de diplômes et peut-être qu'il ...... (**ne pas devenir**) footballeur.

3 Complétez la phrase:

« Si on a aidé à créer la richesse... »

4 Traduisez en français:

The unemployment rate for people without qualifications has reached 15%.

5 Complétez les phrases avec le comparatif ou superlatif des adjectifs entre parenthèses:

Les jeunes sont ...... (**concerné**) ...... les adultes, mais les mal scolarisés sont ...... (**touché**).

6 Traduisez en anglais:

Sept millions d'actifs en France sont en situation de précarité, dont 2,7 millions de chômeurs.

7 Complétez la phrase:

Les pays en développement bénéficient de programmes d'aide et de développement grâce aux...

8 Ecrivez une phrase qui veut dire:

MSF se soucie en particulier des victimes de guerre et de luttes violentes.

9 Que se passerait-il pour les pays en développement si on changeait les mécanismes et les politiques de croissance?

10 Qu'est-ce qu'il faut faire pour assurer en partie le succès des Objectifs du Millénaire pour le Développement? (2 détails)

AQA Examiner's tips

Listening

Write down any numbers or percentages **as soon as you hear them**. You will then be prepared for questions that might need them as an answer.

Speaking

Choose vocabulary that allows you to **demonstrate your ability** at this level of study.

Reading

In **matching exercises**, watch out for 'extra' options. Don't be led away from the correct answer.

Writing

Simplify ideas if it helps you to **express yourself accurately**.

Problèmes sociaux contemporains

8 L'ordre public

By the end of this chapter you will be able to:

	Language	Grammar	Skills
A La délinquance: causes et effets	■ discuss crime, especially among young people ■ talk about reasons for criminal and antisocial behaviour	■ use the perfect tense	■ structure a coherent analysis of causes and effects
B La criminalité en baisse	■ discuss the effectiveness of measures to reduce crime	■ use infinitive constructions (revisited)	■ combine data with opinions in debates and presentations
C Crime et châtiment	■ consider alternatives to imprisonment	■ use the future tense of the passive voice	■ consider the values society holds on major issues

■ Le saviez-vous?

Ma parole!

A la suite de la Bataille d'Hastings (1066) et du couronnement de Guillaume duc de Normandie, la langue anglaise ou anglo-saxonne a absorbé de la langue française plusieurs termes légaux dont on se sert toujours. Quant aux termes suivants, à vous de juger: français ou anglais d'origine?

action, appeal, assises, complaint, counsel, court, defendant, evidence, jury, justice, parole, plaintiff, sentence, sue, summon, trespass

■ Pour commencer

1 Trouvez l'intrus:
- a précarité
- c inclusion
- b pauvreté
- d chômage

2 Quel est le contraire du terme "en hausse"?
- a en marge
- c en général
- b en baisse
- d en fait

3 Complétez la phrase: "...... entraîne souvent la criminalité".
- a l'échec scolaire
- b la richesse
- c la stabilité familiale
- d la réussite scolaire

4 "Taux de criminalité" veut dire:
- a nombre total de prisonniers
- b total global de délinquants
- c nombre de crimes commis
- d méthodes criminelles

5 Classez (1–6) les aspects de la criminalité par ordre personnel (1 = l'aspect le plus inquiétant pour vous).
- a le trafic de drogue
- b le cybercrime
- c les jeunes délinquants violents
- d le terrorisme
- e les crimes financiers
- f autres crimes

A La délinquance: causes et effets

1 Discutez des causes de la délinquance.

> C'est la faute des ruptures familiales. Il y a trop de divorces et donc trop d'enfants avec des problèmes sociaux.

> Pour moi, c'est à cause de l'exclusion sociale qu'on a tous ces délinquants. Ils n'ont pas le choix...

FRANCE DÉLINQUANCE

ruptures familiales

exclusion sociale

chômage, précarité et personnes défavorisées

écart entre les riches et les pauvres

enfants mal scolarisés sans diplômes

culte de l'individu

Vocabulaire

la délinquance *crime, criminality*
il le vaut bien *he/they deserve(s) it*
fournir *to provide*
parvenir *to succeed*
entraîner *to entail, to lead to*
soi *oneself*
aboutir *to end up*
le délit *offence*
une infraction *breach, infringement*

Grammaire

The perfect tense – *le passé composé*

Use the two-part perfect tense (**auxiliary** + **past participle**) to talk and write about completed events in the past. See pages 110–1.

*Qu'est-ce qui **a incité** les émeutes?* What caused the riots?

Fichier   Edition   Affichage   Favoris   Outils

Individualisme ou société?

Comment expliquer la hausse de la consommation de drogues et des actes de délinquance violents, notamment chez les jeunes? Qu'est-ce qui a incité les émeutes les plus récentes dans la banlieue parisienne, ou le refus total des normes et des valeurs collectives de la société traditionnelle?
La société, ou plus précisément le système économique, constitué par les entreprises, les médias et la publicité, nous a fait croire que chacun a par principe le droit de tout obtenir de la vie, car "il le vaut bien". Malheureusement, comme la vie ne fournit pas en même temps les clés permettant à tout le monde d'y parvenir, ce culte de l'individu entraîne une "difficulté d'être soi", qui peut aboutir au suicide. Les membres de cette non-société ne peuvent "survivre" qu'en développant des stratégies d'adaptation individuelles, y compris délits, infractions, délinquance, vols et meurtres, au détriment de la cohésion sociale et de la solidarité.

D'après Gérard Mermet, Francoscopie 2007 © Larousse 2006

2 a **Lisez le texte et reliez les deux parties des phrases.**

i	Les jeunes consomment...	a	que tout est à obtenir dans la vie.
ii	Beaucoup de gens s'opposent...	b	crée des frustrations et même le désespoir.
iii	On a accepté l'idée...	c	d'amener une crise sociale par la criminalité.
iv	Cette notion fausse...	d	de plus en plus de drogues.
v	L'individualisme risque...	e	aux règles de la société.

b **A deux: reconstituez le texte en ajoutant les expressions suivantes aux phrases de l'activité 2a.**

de nos jours	aujourd'hui	en même temps
à la fois	en plus	il paraît que
ce qui est étonnant, c'est que	sans aucun doute	évidemment
il est indéniable que	par conséquent	en conclusion

Exemple: _____

A: De nos jours, les jeunes consomment de plus en plus de drogues.

B: En même temps, il paraît que beaucoup de gens s'opposent...

_____

3 a 💡🎧 Ecoutez la discussion et faites les activités interactives.

b 🎧 Complétez les réponses ci-dessous, puis réécoutez pour vérifier.

i On a le choix d'...... ou de rejeter ...... Mais je n'accepte pas que ...... aient le droit de ...... des crimes parce qu'ils se sentent frustrés ou ...... Ce n'est pas la faute de la société, après tout!

ii Moi aussi, je trouve déraisonnable ...... les jeunes désaffectés se permettent de ...... , de s'...... aux gens et de se ...... et se ...... dans les rues. C'est inadmissible!

iii Certes, notre société est ...... Si on refuse de reconnaître ...... des jeunes et des ...... en situation précaire, c'est l'ordre ...... qui en souffrira.

iv Le ...... public est impensable. Il ...... réorienter la société avant qu'il ne soit ...... Il faut abolir ...... , assurer ...... pour tous et ...... les gens en situation précaire.

v D'accord, ... , l'amour de ...... est bien, mais où reste le ...... d'autrui?

vi Ce sont les ...... et les ...... qui ont déformé la société par la ...... Le bonheur individuel est ...... , mais pas au coût de ...... et des ...... collectives. Sinon, qui va s'...... des personnes ...... et en marge?

4 💡 A l'oral: adaptez les réponses de l'exercice 3b pour en faire un mini-débat. (Feuille)

Exemple:

A: La délinquance est due au rejet de la société, surtout par les jeunes.

B: C'est possible, on peut accepter ou rejeter la société, mais je n'accepte pas que....

Vous êtes d'accord que la délinquance est due au rejet de la société, surtout par les jeunes?

La société n'existe pas?

Faut-il que l'individualisme et la disparition des valeurs collectives de la société entraînent une hausse du taux de criminalité et un climat généralisé de peur et de haine même d'autrui? Les gens, sont-ils vraiment convaincus que les groupes minoritaires, comme les immigrés, les mal scolarisés, les précaires et les fragiles, représentent une menace quelconque au bonheur individuel et méritent donc d'être punis, non seulement par la loi mais aussi par leurs concitoyens? Il faut rejeter d'urgence l'image fausse de la vie représentée par les médias et la publicité et accepter son rôle d'individu dans un cadre social collectif, avant qu'il ne soit trop tard.

5 a Lisez l'article ci-dessus et traduisez-le en anglais.

b 💡 Rédigez un article (250 mots) au sujet des causes et effets de la délinquance. (Feuille)

Expressions clés

C'est possible / inadmissible.

Ce n'est pas la faute de la société.

Le désordre public est impensable / affreux / à éviter à tout prix.

Je n'accepte pas / Je trouve déraisonnable que + subj.

... que les jeunes se permettent / aient le droit de commettre des crimes.

Que reste-t-il de la solidarité / du respect d'autrui?

Il faut protéger les gens en situation précaire / réorienter la société / reconnaître les problèmes / abolir la pauvreté / assurer la scolarité.

La criminalité en baisse?

Baisse continue de la délinquance enregistrée depuis cinq ans

Comme au Royaume–Uni et dans l'Union européenne en général, selon les chiffres publiés par l'Office national de la délinquance, la délinquance générale a diminué de 3,66 % par rapport à l'année dernière. La délinquance de voie publique recule encore plus nettement de 7,29 %. Parallèlement, le taux d'élucidation a atteint 36,11%, soit une progression de deux points. En plus, les violences contre les personnes, connaissant pour la première fois depuis 12 ans un recul, ont diminué de 3,16 % au second semestre.

Le nombre de violences "crapuleuses", ayant le vol pour objet, a baissé de 11,26 % mais elles ne représentent qu'environ le quart des atteintes à l'intégrité physique. Par contre, les violences "gratuites" ou "non crapuleuses", qui ont augmenté de 6,07 %, en représentent près de la moitié.

C'est la cinquième année consécutive à voir une baisse du nombre d'atteintes aux biens, qu'il s'agisse des cambriolages, des vols violents ou de ceux liés aux véhicules à moteur.

Vocabulaire

enregistré *recorded*

la voie publique *public highway*

le taux d'élucidation *clear-up rate*

le semestre *term (of six months)*

une atteinte *attempt, attack*

les biens *goods, property*

le cambriolage *burglary*

la récidive *reoffending*

dissuader *to deter*

à peine *hardly*

engorgé *overcrowded*

obsédé *obsessed*

---

1 Lisez le texte ci-dessus puis jouez au baseball verbal. A dit une expression des cases ci-dessous (en anglais ou en français), B répond sans hésiter avec l'équivalent dans l'autre langue.

Exemple: _____

A: Gratuitous violence?   B: Violence gratuite.

_____

street crime	gratuitous violence	atteinte à l'intégrité physique	un recul
a reduction			atteintes aux biens
crimes against property	more clearly	plus nettement	violence gratuite
	compared with	délinquance générale	délinquance de voie publique
general crime	physical assault		par rapport à

2 Relisez le texte, puis corrigez une erreur par phrase.

a La baisse générale concerne tous les actes de délinquance commis en France.

b L'Office nationale de la délinquance a refusé les chiffres.

c Le taux de délinquance générale a reculé de moins de trois pour cent.

d Les actes délinquants dans les rues sont en hausse.

e Pendant les six premiers mois de l'année, les violences contre les personnes ont baissé de plus de 3%.

f Les violences "non crapuleuses" ne représentent que 25% environ du nombre total des atteintes à l'intégrité physique.

g Les actes de violence gratuite ont diminué d'au moins six pour cent.

h Depuis plus de quatre ans les cas d'atteintes aux biens enregistrés sont en hausse.

3 a 🎧 A qui donnez-vous raison? Choisissez des réponses (dans les bulles à gauche), puis écoutez pour comparer.

b 💡 A deux, discutez-en, en recyclant et adaptant les opinions de Charlotte et Natacha. (Feuille)

Les chiffres sur la violence gratuite m'inquiètent beaucoup. *C*

Je me sens rassurée par tous ces chiffres. *N*

Charlotte

Je n'ai pas l'impression que la délinquance soit en baisse. *C*

La délinquance enregistrée ne donne pas forcément les chiffres réels. *C*

La hausse du taux d'élucidation est encourageante. *N*

Ce n'est pas tout à fait rassurant. *C*

Natacha

4 💡 Les prisons: lisez le texte (en ligne) et faites les activités interactives.

5 🎧 Ecoutez et mettez les extraits (A–J) dans l'ordre de la conversation. Commencez par G.

A Il ne faut pas emprisonner le problème, il faut le résoudre.

D Au contraire, les prisons sont engorgées et le taux de récidive est beaucoup trop élevé.

I Si on veut désengorger les prisons, on n'a qu'à respecter autrui et ne pas commettre de crimes.

B Le taux de récidive suggère que l'emprisonnement, avec ses conditions inhumaines, dissuade à peine les futurs délinquants.

E D'accord, la violence s'excuse mal dans tous les cas, mais l'incarcération des mineurs et des jeunes n'est pas la bonne solution.

F Mais il faut absolument protéger les citoyens innocents contre toute forme de violence.

C Tout à fait, mais il ne s'agit pas uniquement d'atteintes violentes. Notre société est obsédée par la notion du "risque zéro" en tout, ce qui est impossible à achever.

G Les statistiques montrent qu'on est en train de briser le cycle infernal de la criminalité.

J Et le respect de la dignité humaine des victimes innocentes des délinquants?

H Il faut comprendre que l'emprisonnement devrait servir à la fois à punir et à dissuader.

to revise infinitive constructions, see pages 117–8

6 💡 A deux: préparez un petit dossier (300 mots) sur:
« La criminalité est-elle vraiment en baisse? »
Ajoutez des statistiques actuelles d'Internet, des opinions et des raisonnements sur les dispositifs. (Feuille)

■ Expressions clés

Le taux de violence gratuite / récidive est en hausse / affreux / trop élevé.

Où reste le respect de la dignité humaine de ces prisonniers / des victimes innocentes de la délinquance?

Cela ne m'étonne pas, vu les conditions de détention inhumaines.

Je ne dis pas le contraire, mais il ne s'agit pas uniquement de...

L'emprisonnement devrait servir à la fois à punir et à dissuader.

Il (ne) faut (pas) emprisonner / résoudre le problème.

Traitons les causes fondamentales et pas les symptômes de la maladie.

Tu n'es pas / Vous n'êtes pas un peu trop laxiste / punitif/ve?

🔄 Compétences

Combining data with opinions in debates and presentations

With careful use of reasons and data such as pie charts, graphs and results of surveys, you can enhance significantly the impact of your arguments and conclusions in presentations and in controversial debates.

C Crime et châtiment

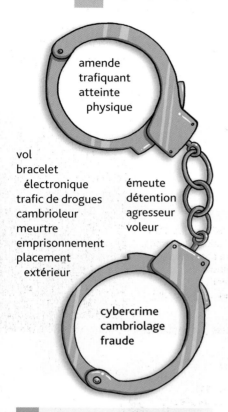

amende
trafiquant
atteinte
physique

vol
bracelet
électronique
trafic de drogues
cambrioleur
meurtre
emprisonnement
placement
extérieur

émeute
détention
agresseur
voleur

cybercrime
cambriolage
fraude

1 Classez les termes à gauche sous les catégories relatives à la délinquance.

Crime/Infraction	Accusé/Coupable	Punition
vol		

Plus ça change...?

La lutte contre toutes les formes de criminalité se poursuivra sans cesse à partir de 2008. Afin d'apaiser les banlieues, environ 200 unités territoriales de quartier viendront renforcer la sécurité des banlieues les plus marquées par les violences, alors 4 000 policiers supplémentaires en trois ans seront déployés. Pour faire échec à la criminalité organisée et au trafic de drogue, des coopérations seront organisées à l'échelle européenne. La France se placera au premier rang de la lutte contre la cybercriminalité. Finalement, afin de s'opposer au terrorisme, en développant un dispositif national de vidéosurveillance, le nombre de caméras sera augmenté jusqu'à un million en 2009.

Ces mesures, risquent-elles de réussir? Pas évident! Sans compter le coût social des prisons engorgées et de la récidive, au début du troisième millénaire, le coût global de la délinquance au lieu de diminuer s'élevait à 20 milliards d'euros, une augmentation significative depuis 1981. Ceci démontre une bien faible productivité des moyens de lutte contre la délinquance. Les dispositifs mis en place par l'Etat n'ont pas été efficaces. Parallèlement, les dépenses en sécurité privée n'ont cessé aussi de progresser. De quelques milliers dans les années 1980, les agents de sécurité privée seraient aujourd'hui environ 180 000.

Que faire donc pour combattre la criminalité? On peut être pour ou contre la vidéosurveillance, le fait est qu'elle est efficace dans la lutte contre la délinquance. Il est nécessaire de concentrer aussi les efforts sur la prévention. On ne naît pas délinquant. Il est donc important de mettre en place des programmes de prévention couvrant le milieu scolaire, périscolaire et même familial. Au niveau scolaire, on pourrait développer la formation à la citoyenneté, et faire passer à tous les enfants un "brevet citoyen".

2 **a** Lisez l'article. Ecrivez un résumé en anglais (120 mots) des paragraphes 1 et 2, sous ces catégories:

street violence   organised crime   internet fraud   terrorism   costs of crime

b 🎧 Ecoutez quatre suggestions et trouvez dans l'article les détails qui correspondent.

Exemple: _____

1 – 4 000 policiers supplémentaires seront déployés

_____

c 🎧 Réécoutez et répétez en incorporant vos réponses à 2b.

2 d 💡 **A deux: servez-vous du texte de la page 70 pour répondre aux questions. (Feuille)**

> Alors, les mesures proposées risquent-elles d'avoir du succès?

i Les mesures proposées risquent-elles d'avoir du succès?

ii Pourquoi pas?

iii Les dépenses en sécurité privée ont-elles diminué sur la même période?

iv Comment peut-on combattre la criminalité, alors?

v C'est la seule solution?

vi Qu'est-ce qu'on pourrait faire vis-à-vis de la citoyenneté?

> Ce n'est pas évident!

3 a 💡🎧 **Ecoutez l'interview et faites les activités interactives.**

b **Remplissez les blancs dans les trois extraits ci-dessous, pour faire un résumé de l'interview.**

La justice

La justice ne consiste pas uniquement en (1) ...... légitime en (2) ...... d'individus délinquants. Peu importe le rôle (3) ...... des Etablissements Pénitentiaires pour Mineurs et Centres éducatifs fermés, qui eux aussi impliquent l'incarcération et tous les problèmes de (4) ...... qui y sont associés.

   Il faut reconnaître les (5) ...... et les effets de la délinquance. Notre société individualiste (6) ...... les gens en situation précaire: c'est déjà une grosse (7) .... S'ils répondent à l'(8) ...... de la société envers eux-mêmes par la violence ou la délinquance, ils en seront (9) ...... pour une deuxième fois, d'habitude par l'incarcération.

> réinsertion   injustice   éducatif   punis   vengeance   rejette   causes   indifférence   punition

Le rôle de la prison

La prison doit punir, mais aussi rééduquer ou (10) ...... La prison doit rester un lieu (11) ...... , intégré à la ville, et (12) ...... , donc, dans la ville. En ville, la prison peut (13) ...... les familles plus facilement et facilite le travail des (14) ...... en milieu carcéral.

> bénévoles   social   accueillir   situé   resocialiser

Les alternatives à l'incarcération

Des (15) ...... alternatives existent, par exemple le (16) ...... avec mise à l'épreuve, le travail d'intérêt général qui connaît une forte (17) ...... , ou encore la semi-liberté avec l'usage du (18) ...... électronique. Ces peines évitent l'(19) .... de l'individu par la loi et la prison, et relancent dès le départ le projet de (20) ......

> écrasement   sursis   resocialisation   progression   bracelet   peines

Expressions clés

La justice consiste en vengeance légitime / rééducation / resocialisation.

L'exclusion sociale est aussi une injustice.

Il faut protéger toutes les victimes / traiter les causes de la criminalité.

Sinon les gens en situation précaire continueront à être incarcérés / les prisons seront même plus engorgées / la récidive ne s'arrêtera pas.

Le rôle de la prison est de punir / rééduquer / resocialiser.

Les peines alternatives évitent l'écrasement de l'individu / relancent la resocialisation.

4 💡🎤 **Ecoutez la conversation, puis enregistrez vos propres réponses.**

5 💡 **En groupes: faites une présentation écrite (jusqu'à 500 mots) sur la criminalité: causes et effets, dispositifs ratés et réussis, attitudes de la société individualiste et solutions proposées. (Feuille)**

Now you should be able to:

- discuss crime, especially among young people
- talk about reasons for criminal and antisocial behaviour
- discuss the effectiveness of measures to reduce crime
- consider alternatives to imprisonment

Grammar

- use the perfect tense
- use infinitive constructions
- use the future tense of the passive voice

Skills

- structure a coherent analysis of causes and effects
- combine data with opinions in debates and presentations
- consider the values society holds on major issues

✔ Résumé

1 Nommez trois causes de la délinquance.

2 Traduisez en anglais:

« Cette notion fausse que tout est à obtenir dans la vie crée des frustrations et même le désespoir. »

3 Mettez les verbes au passé composé:

Qui (**inciter**) les émeutes de Paris? Comment les policiers (**réagir**) quand les jeunes (**s'attaquer**) à eux? La délinquance générale enregistrée (**diminuer**) peut-être et le taux d'élucidation (**progresser**), mais le problème de la criminalité (**ne pas disparaître**) encore.

4 Ecrivez une phrase qui veut dire la même chose que cette phrase:

Les violences contre les personnes connaissent un recul, mais les violences "non crapuleuses" sont en hausse.

5 Traduisez en français:

« I find unreasonable the notion that criminality is down to young people rejecting society. »

6 Complétez la phrase:

La délinquance enregistrée ne donne pas...

7 A quoi la prison devrait-elle servir? (3 détails)

8 Mettez les mots dans le bon ordre.

beaucoup trop le récidive Les engorgées et taux de sont est prisons élevé

9 Mettez les verbes à la forme passive et au futur:

Des mesures supplémentaires (**prendre**), la sécurité des banlieues (**renforcer**) et le nombre de caméras de vidéosurveillance (**augmenter**).

10 Remplissez les blancs:

Comme alternatives à l'incarcération, il y a le ...... avec mise à l'épreuve, le travail .... et la semi-liberté avec l'usage du ....

AQA Examiner's tips

Listening

Use a separate piece of paper for rough work. Make sure that any notes made on the paper to be handed to the examiner are crossed out before you hand it over.

Speaking

Speak confidently towards the microphone.

Reading

If you have to fill in boxes with letters, double-check that you've answered every one.

Writing

Dedicate the conclusion of an essay to a summary of what you've written and confirm your opinion.

Problèmes sociaux contemporains

9 Sciences et technologie: avances ou régression?

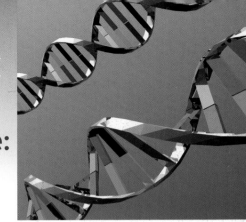

By the end of this chapter you will be able to:

	Language	Grammar	Skills
A Diagnostic: informatique	■ discuss advantages and drawbacks of ICT at home and at work	■ use present participles	■ summarise opposing views and draw balanced conclusions
B On va où exactement?	■ consider pros and cons of space and satellite technology	■ use interrogative pronouns (revisited)	■ make and counter controversial statements about contentious issues
C Science ne rime pas toujours avec conscience	■ discuss ethical issues relating to scientific, technological and medical progress and research	■ invert verb and subject after direct speech and adverbs	■ use anticipation and nuance to advance debates

■ Le saviez-vous?

La déchetterie du Monde

Selon l'Agence Spatiale Européenne (ESA) quelques 12 000 engins sont toujours en orbite autour de la Terre, dont seulement 700 satellites en service. Parmi les restes figurent 2 000 carcasses de fusées, toujours chargées de carburant et dont cinq par an explosent, projetant davantage de débris à l'encontre des satellites en service.

> une déchetterie *rubbish tip*
> un engin *man-made device*
> à l'encontre de *in the path of*

■ Pour commencer

Choisissez a, b, c ou d.

1 Pour accéder à votre compte e-mail, il vous faut votre ...... et votre code secret.
  a clé USB
  b portable
  c identifiant
  d ordinateur

2 ...... d'internautes travaillent depuis chez eux.
  a De moins en moins
  b De temps en temps
  c De nos jours
  d De plus en plus

3 La navigation par satellite ...... la surveillance du trafic.
  a facilite
  b empêche
  c contredit
  d amoindrit

4 La gestion du trafic ferroviaire concerne .....
  a les avions
  b les voitures
  c les trains
  d les bateaux

5 Le décryptage du génome est ...... scientifique le/la plus extraordinaire.
  a l'avancée
  b la reculée
  c le résultat
  d le problème

visiter accéder à vendre

perdre manipuler organiser

contacter copier embêter

recevoir diffuser répandre

envoyer faire

1 Servez-vous des notes à gauche pour faire des phrases sur les avantages et les désavantages de l'informatique.

Exemple: _____

Avantages: Grâce à l'informatique, on peut vendre ses produits et envoyer des reportages électroniques.

Désavantages: A cause de l'informatique, il est possible de manipuler les informations et les gens.

produits copains

photos numériques

reportages électroniques

études à la maison

infos et gens virus avec publicité

rencontres violentes

propagande sans autorisation

sites interdits argent et identité

Solidarité virtuelle?

'En matière de communication, la diffusion du téléphone portable, l'accès à Internet et au multimédia ont transformé le rapport au temps, en imposant le "temps réel", qui est celui de l'immédiateté. Ils ont modifié aussi le rapport à l'espace en satisfaisant le vieux rêve d'ubiquité, en faisant éclater les frontières géographiques, politiques, linguistiques ou culturelles dans un contexte de mondialisation.'*

On est de moins en moins obligés de se déplacer afin de travailler, puisque le domicile connecté s'est vite transformé en lieu de travail et centre de communications personnel. C'en est de même pour les informations, les loisirs et la consommation: on peut gérer ses affaires financières depuis chez soi, en faisant des achats électroniques, en réglant ses comptes et en accédant à tout moment à son compte bancaire.

'Pour la première fois, tout habitant d'un pays développé peut être connecté par le son et par l'image à tous les autres.'*

L'individualisme étant sûrement en train de remplacer la collectivité et la solidarité sociale, peut-on aussi espérer que la génération techno établira une solidarité d'abord virtuelle puis, par la suite, réelle en se servant d'outils technologiques?

Quant à la France, même si plus d'un Français sur deux surfe le Web et 93% des utilisateurs disposent d'une connexion ADSL, la pénétration d'Internet a pris du retard en comparaison à ses voisins européens.

* G. Mermet, Francoscopie 2007 © Larousse 2006

2 Lisez le texte et les phrases a–h. Ecrivez V (vrai), F (faux) ou N (information non donnée), puis corrigez les erreurs.

a La téléphonie et Internet ont bouleversé les attitudes envers le temps et l'espace.

b La mondialisation impose des barrières à la communication.

c En se connectant, on n'est plus obligé de travailler aussi dur qu'auparavant.

d Un nombre croissant d'internautes profitent d'Internet pour travailler depuis chez eux.

e Si on a une connexion Internet, on doit régler ses affaires en ligne.

f La technologie électronique facilite la vie active, la recherche de renseignements, les loisirs et les contacts sociaux à distance.

g En se servant trop d'Internet, on risque de perdre contact avec la société réelle.

h Les pays européens voisins de la France sont en avance vis-à-vis de la pénétration d'Internet.

Vocabulaire

le rapport *relationship*
l'immédiateté *immediacy*
l'ubiquité *being/going everywhere*
le lieu de travail *workplace*

3 A deux: discutez des avantages de la technologie électronique.

Exemple: _____

A: Pour ma part, je profite d'Internet en faisant des achats en ligne et en… Mais je ne…

B: Moi, j'en profite en téléchargeant des fichiers et en…

_____

4 a Regardez la vidéo et faites les activités interactives.

b A trois. Rédigez le texte de la discussion, en vous servant des termes ci-dessous. Regardez la vidéo à nouveau pour vérifier.

Grammaire

Present participles
– les participes présents

Use *en* + a present participle to talk about concurrent events or to give reasons (see page 116):

*En me **connectant**, je peux prendre contact avec qui je veux.* By going on line, I can contact anyone I like.

Tolérance zéro, risque zéro, progrès zéro?

Nathalie: On ne peut pas nier que…

Marcus: Tu veux dire que…?

Nathalie: Tout à fait, oui.

Alima: Mais tu ne vas pas me dire que…?

N: Bien sûr que non, mais…

A: Par exemple?

N: De nos jours, chaque individu…

M: Evidemment, pour…

N: En principe, oui, mais…

A: Ah oui, je vois… Dès qu'on est connecté…

N: Exactement. C'est comme…

M: Et j'imagine que…

N: Et des…

A: Et des…

M: Et d'autres individus, comme…

A: Quelle horreur!… Et toi, tu ne crains pas…?

N: Si, ce sont là…

M: Et qu'il faut accepter, d'ailleurs. Après tout,…

A: En effet. Moi, je me sers de…

M: Justement. Acceptons…

---

5 A deux: nommez à tour de rôle les avantages ou les désavantages de la technologie informatique. (Feuille)

> Grâce à l'informatique, je peux garder le contact avec mes copains en envoyant des SMS et en…

> Oui, mais à cause de l'informatique, on risque de laisser des empreintes électroniques, en se connectant, et on peut être surveillé et manipulé.

6 Ecrivez un article (250 mots) sur « Diagnostic: informatique – avenir positif ou menaçant? » Ajoutez-y vos opinions. (Feuille)

Expressions clés

La technologie tend à renforcer le phénomène de l'individualisme.

A cause d'Internet, on se retire de la société / ne prend plus conscience d'autrui.

Toutes les avances comportent aussi des risques et des menaces.

Chaque individu est associé à des mots de passe / codes.

En utilisant les codes, on laisse des empreintes électroniques / on peut être surveillé et manipulé.

Les traces / empreintes électroniques peuvent être appropriées par des entreprises commerciales / administrations / terroristes / trafiquants / opérateurs de sites porno / pédophiles.

On risque de ne plus avoir de vie privée.

Il existe aussi des instruments de contrôle / régulation pour combattre les risques et les menaces.

Grâce à la technologie moderne, on peut travailler chez soi / gérer ses affaires en ligne / être connecté par le son et par l'image à tous les autres.

Acceptons les progrès et profitons-en, sans prendre trop de risques.

Si on insiste sur la tolérance zéro et le risque zéro dans la vie, il faudra accepter en même temps les progrès zéro.

B On va où exactement?

A la surveillance de voitures volées

B la gestion du trafic maritime par satellite

C la gestion du trafic aérien par satellite

D la surveillance du système bancaire par satellite

E la navigation par satellite en voiture

F la gestion du trafic ferroviaire par satellite

1 a 🎧 Ecoutez et identifiez le bon contexte (A–F).

b **Expliquez à votre partenaire les autres usages de la technologie par satellite.**

Exemples: _____

La technologie par satellite facilite la surveillance de voitures volées.

En se servant de… / Si on se sert de… / A force d'utiliser…

… on peut gérer / surveiller…

Points de repère?

Malgré l'incontestable amélioration spectaculaire de la sécurité routière constatée depuis plusieurs années, due sans doute aux mesures de prévention et de répression technologiques, notamment la "peur des radars", l'utilisation de la technologie en voiture pose à la fois des problèmes considérables de sécurité.

Qui ne reconnaît pas l'image de l'automobiliste insouciant, roulant à 130 km/h dans la voie de dépassement, le portable à la main, en pleine conversation avec n'importe qui? Même les portables à mains libres ne résolvent pas les problèmes fondamentaux de la distraction du conducteur et du manque d'attention critique, qui risquent d'enchaîner des accidents mortels autrement bien évitables.

C'en est de même pour les systèmes de navigation par satellite en voiture: dès qu'on prête attention à la voix disloquée émanant de l'écran de l'appareil de navigation, on court le risque de déclencher une catastrophe routière. Quant aux conducteurs de poids lourds qui perdent la raison en croyant tout ce que l'appareil de navigation leur propose comme directions logiques, et qui finissent par se coincer dans une voie sans issue impossible ou bien par plonger dans une rivière ou même la mer, un bon conseil: ne permettez pas à la technologie de maîtriser votre technique de conduite.

Vocabulaire

la gestion *management*

ferroviaire *railway (adj.)*

gérer *to manage, to conduct*

le point de repère *landmark*

la répression *punishment*

la voie de dépassement *overtaking lane*

c'en est de même pour *the same applies to*

disloqué *disembodied*

émanant *emanating*

déclencher *to trigger*

se coincer *to get stuck*

la conduite *driving*

Continuez tout droit… Vous êtes arrivé… vous êtes arrivé.

C'est pas grave: je me sers maintenant de la gestion de trafic maritime par satellite!

2 a **Lisez le texte et trouvez l'équivalent des expressions suivantes:**

i en dépit de

ii punition

iii en particulier

iv en même temps

v négligent

vi inattention

vii peuvent provoquer

viii immobiliser

ix un cul-de-sac

x dominer

2 b **Relisez le texte et reliez les débuts et fins de phrases.**

i Il est indéniable que...

ii Il faut...

iii Certains aspects de la technologie...

iv L'utilisation inadmissible du portable...

v Les portables à mains libres ne...

vi La navigation par satellite en voiture...

vii Trop de conducteurs sont prêts à...

viii La technologie devrait améliorer mais...

a en voiture sont problématiques.

b font pas disparaître les problèmes de base.

c faire des bêtises en suivant toutes les directions de la navigation par satellite.

d jamais remplacer une bonne technique.

e la sécurité des routes s'est améliorée spectaculairement.

f accepter le rôle positif de la technologie dans la prévention routière.

g au volant continue à causer des accidents.

h provoque l'inattention et potentiellement des accidents graves.

3 🎧 **A deux: partenaire A accepte les opinions ci-dessus (2b), mais partenaire B n'accepte pas tout. Ensuite, écoutez pour comparer.**

Exemple: _____

A: Il est indéniable que.... et il faut accepter que...

B: Pas d'accord! La police se sert des radars rien que pour obtenir des sommes d'argent excessives des automobilistes.

4 💡 **Lisez le texte (en ligne) et faites les activités interactives.**

5 🎧 **Ecoutez et mettez les extraits dans le bon ordre.**

a Et la liberté de mouvement des particuliers ne sera pas restreinte?

b Cela peut vite devenir un affront à la vie privée de tout individu.

c Sous ce système on pourra positionner n'importe qui n'importe quand, selon son empreinte électronique, à son insu.

d Tu n'en vois que les grands avantages. Fais bien attention!

e Il ne faut pas exagérer. C'est un système à buts positifs pour la société.

f Le système Galileo de navigation par satellite nous fournira toutes les informations possibles.

g On pourra aider les personnes âgées, secourir les gens en détresse, contrôler les frontières...

h On pourra guider le trafic aérien, maritime, ferroviaire et routier, faciliter l'utilisation des transports en commun, aider les voyageurs à trouver leur chemin, contrôler la vitesse...

6 💡 **Travail de groupe: discutez des pour et des contre de la navigation par satellite. (Feuille)**

7 💡 **A l'écrit: présentez les bienfaits et les dangers de la technologie par satellite. (250 mots). (Feuille)**

🧭 Compétences

Making and countering controversial statements about contentious issues

Technological advances that have social and political implications generate discussion. Engage in debate by drawing on several sources – factual, speculative, partisan – and by adding personal opinions.

Le Projet Galileo

30 satellites

Utilisateurs

Liaison montante

Centre(s) de contrôle

Expressions clés

Grâce à la navigation par satellite on peut: trouver son chemin / guider le trafic / secourir les gens en détresse / surveiller les délinquants portant un bracelet électronique / découvrir les terroristes / contrôler les frontières / faciliter l'utilisation des transports en commun.

C'est extraordinaire / fantastique / rassurant.

Par contre, on peut aussi surveiller / positionner n'importe qui à son insu.

C'est affreux / inadmissible / déprimant / un affront à la vie privée.

C Science ne rime pas toujours avec conscience

la surveillance – la navigation par satellite

le chômage – la violence

la richesse – la pauvreté

la mondialisation – la dette du Tiers-Monde

l'informatique – le Projet Galileo

1 Jeu de mémoire. Nommez à tour de rôle un aspect positif ou négatif des thèmes dans les bulles.

Exemple: _____

A: L'informatique facilite l'obtention de renseignements, les loisirs et les contacts.

B: Oui, mais en se servant trop d'Internet on perd contact avec la société réelle.

Les bénéfices de l'innovation?

La science a permis depuis des siècles de lutter contre l'ignorance, de soigner les maladies, d'allonger la durée de vie. Il en est de même des possibilités offertes en matière d'information, de communication, de transport, de travail ou de loisir. Alors que la révolution de la communication se poursuit, celle des biotechnologies ouvre la voie à des progrès considérables dans la lutte contre certaines maladies. Grâce au décryptage du génome, on peut dès aujourd'hui s'attendre à des soins et des guérisons personnalisés contre les maladies génétiques et à l'identification précise de régimes nutritionnels et corporels adaptés à l'individu.

D'après G. Mermet, Francoscopie 2007
© Larousse 2006

2 a Lisez le texte à gauche. Reliez les titres A–D aux phrases i–iv pour expliquer les "bénéfices de l'innovation".

A	Le développement personnel de l'individu	ii
C	Le travail et les loisirs	iii
B	Les déplacements	iv
D	Le décryptage du génome	i

i On peut profiter d'une bonne santé et de l'accroissement de la longévité.

iii On est mieux éduqué et mieux formé.

ii On a plus de temps, plus d'argent et plus de possibilités de détente.

iv On profite de transports mieux adaptés et plus efficaces.

b A deux: échangez vos opinions sur les bénéfices de la liste.

Exemple: _____

A: Le développement de l'individu.

B: Eh bien, on est mieux éduqué et mieux formé. Tu es d'accord?

Vocabulaire

lutter *to struggle*

le décryptage du génome *decoding of the human genome*

la guérison *cure*

le régime nutritionnel *diet*

3 a 🎧 Ecoutez et trouvez l'équivalent français des termes i–x.

i *don't make me laugh!*
ii *widespread*
iii *the gap*
iv *from bad to worse*
v *our carbon footprints*

vi *frowned upon*
vii *sedentary lifestyle*
viii *to threaten stability*
ix *biofuel production*
x *the cost of food*

💡 Grammaire

Inversion of subject and verb

Some adverbs at the beginning of clauses, like statements in **direct speech**, cause the subject and the verb to switch places. See page 121.

« *Rarement* les automobilistes **peuvent-ils** profiter de leur liberté, » **dit-il**.

3 b  **Lisez les phrases, réécoutez et corrigez l'erreur dans chaque phrase.**

  i   On peut être mieux éduqué, si on habite le Tiers-Monde.

  ii La scolarisation de courte durée est bien rare dans les pays développés.

  iii L'écart entre les riches et les pauvres, les actifs et les chômeurs diminue.

  iv Pourquoi insiste-t-on toujours pour rouler en ville, malgré le réchauffement de la terre et nos empreintes carboniques inadmissibles?

  v   Rarement, à cause de la surveillance par satellite, les automobilistes veulent-ils profiter de leur liberté individuelle.

  vi Rien n'est surveillé, noté et désapprouvé.

  vii Les sociétés d'assurance feront beaucoup moins attention à notre histoire génétique.

  viii La vie sédentaire d'un nombre croissant de jeunes internautes, qui mangent mal aussi, entraîne un taux d'obésité en baisse.

  ix La biotechnologie risque aussi d'améliorer la stabilité sociale et politique dans les pays aux populations pauvres.

  x   A cause de la déforestation pour la production de biocarburants, le prix de l'alimentation ne cesse de monter et va encore provoquer des centaines de personnes affamées dans le Tiers-Monde.

  c **A deux: servez-vous des phrases de 3b pour contredire votre partenaire. (Feuille)**

Exemple: _____

A: L'écart entre les actifs et les chômeurs <u>diminue</u>.

B: Au contraire, ça <u>augmente</u>.

4 a **Lisez le texte (en ligne) et faites les activités interactives.**

  b  **Ecoutez et remplissez les blancs. Réécoutez pour vérifier.**

  i   Tu trouves les perspectives de la science aussi …… qu'effrayantes?

  ii La confiance dans la science est …… forte, car l'émotion est …… forte que la raison.

  iii Les manipulations génétiques …… peur.

  iv C'est le rôle des scientifiques d'améliorer notre …… , même si cela comporte ……

  v   Je ne cherche pas à …… les scientifiques de tous les maux du ……

  vi « Science rime avec …… »

  vii Le progrès technique engendre la croissance …… et le bien-être …… et individuel?

  viii L'avidité et la folie ont révélé les …… liés à l'industrialisation de l'…… , comme la crise de la "vache folle", le …… à la dioxine et la …… aviaire.

  ix Cela renforce le …… commun que le rapport bénéfice–risques de l'innovation est de moins en moins favorable.

  x   Il ne manque que la …… volonté des …… pour …… une nouvelle ……

5 **Ecoutez le dialogue et enregistrez vos réponses.**

6 **A deux: écrivez les deux parties du débat, pour et contre: « Science et technologie, victoire de la raison sur l'émotion et l'incompréhension ». 250 mots par personne. (Feuille)**

Expressions clés

La biotechnologie menace la stabilité globale / risque d'augmenter la faim.

L'industrialisation de l'alimentation est / Le réchauffement de la terre est / Nos empreintes carboniques sont inadmissible(s).

Rarement peut-on profiter de sa liberté personnelle.

L'innovation est de moins en moins favorable.

Grâce à la science et la technologie, on peut guérir les maladies graves / soigner les problèmes psychologiques / combattre le chômage et la faim dans le monde.

C'est le rôle des scientifiques d'améliorer notre qualité de vie.

Now you should be able to:

- discuss advantages and drawbacks of ICT at home and at work
- consider pros and cons of space and satellite technology
- discuss ethical issues relating to scientific, technological and medical progress and research

Grammar

- use present participles
- use interrogative pronouns (revisited)
- invert verb and subject after direct speech and adverbs

Skills

- summarise opposing views and draw balanced conclusions
- make and counter controversial statements about contentious issues
- use anticipation and nuance to advance debates

✓ Résumé

1 Traduisez en anglais:

La téléphonie et Internet ont bouleversé les attitudes envers l'espace et le temps.

2 Complétez la phrase avec les bons participes présents:

Tu profites d'Internet en (**faire**) des achats, en (**télécharger**) des fichiers et en (**écrire**) ton blog?

3 Ecrivez une phrase qui veut dire à peu près la même chose:

Chaque individu est associé à des codes personnels.

4 Complétez la phrase:

A cause d'Internet, on risque...

5 Mettez les mots dans le bon ordre:

satellite de La voiture en navigation risques beaucoup comporte par accidents peut spectaculaires. et des déclencher

6 Traduisez en français:

"Technology should improve but never replace good technique."

7 Complétez la phrase avec trois avantages du système Galileo de navigation:

On pourra...

8 L'innovation est-elle bénéfique pour le développement de l'individu? Ecrivez votre opinion.

8 Comment dit-on cette phrase en français?

Therefore (*Aussi*) the gap is going from bad to worse.

10 Expliquez pourquoi vous êtes pour ou contre les avancées scientifiques les plus récentes.

AQA / Examiner's tips

Listening

Always go back and check your work.

Speaking

You are **not expected to ask questions** of the examiner.

Reading

Allow time at the end to **check your answers.**

Writing

Remember that you will be **graded on your use of the French language.** Check your grammar, spelling and vocabulary.

Dossier culturel

To help you speak and write effectively about the culture of France, we will consider the following areas:

- how to talk and write about the geography of a French region, a period of French 20th-century history, or the work of French authors, dramatists, poets, musicians, film directors, artists and architects

- how to evaluate the influence these aspects have had on the country's development

- how to talk and write about a range of characteristics and features of the chosen cultural topic

- how to give a personal perspective on a topic

- how to develop the scope of your vocabulary, including appropriate specialist terms

- how to speak and write about the topic in an accurate and precise manner.

France is one of the largest countries in Europe, about double the size of the UK, with roughly the same population. It is the world's most popular tourist destination; not surprising when you consider the geographical and cultural diversity that make up the country. France is divided into 22 regions, including the Mediterranean island of Corsica.

As a result of its imperial past, France includes islands scattered around the world (in the Atlantic Ocean, the Caribbean, Indian Ocean and South Pacific) as well as part of South America. The term *France métropolitaine* is used to specify the European parts of France. The *République française* denotes all of France, in Europe and overseas. The *départements d'outre-mer* are four overseas departments: Guadeloupe, Martinique, French Guiana and the island of Réunion. These together with other French territories are known as *les DOM-TOM*.

The country has had a turbulent history, experiencing successive revolutions and wars, but now has a vital role in the construction of the European Union. The French are rightly proud of their rich historical, cultural and political heritage.

France is well known throughout the world as a leader in the fields of literature, the arts, science and industry. French literature is very rich and wide-ranging, from novelists such as Balzac, Flaubert and Camus, to poets such as Verlaine, Rimbaud and Prévert. French drama is equally rewarding, from the classical dramatists Racine and Molière to modern writers such as Anouilh and Ionesco. The most famous French artists are probably the 19th-century Impressionist painters, Renoir and Monet, whose work remains popular to this day. Composers and musicians include Bizet (who wrote the opera *Carmen*), Chopin and Ravel; this tradition is maintained today by such figures as Jean-Michel Jarre. The work of the Lumière brothers led to the invention of the modern cinema, an influence further developed by directors such as Truffaut, Chabrol and Besson.

At the same time, France has been a leader in technology. The tremendously efficient high-speed train network (TGV) now runs throughout the country and is the envy of other nations. Many modern scientific advances were the result of the work of French scientists such as Louis Pasteur, Henri Becquerel and Marie Curie.

This chapter will introduce you to geographical, historical and cultural aspects of France as well as the skills you need to carry out research on an aspect of your choice.

Une région française

Dans cette section, on va vous présenter des régions de France métropolitaine et un département d'outre-mer. Vous allez apprendre des renseignements sur la géographie, l'histoire, la population et les activités économiques de la région. On va considérer aussi les avantages et les inconvénients d'habiter une telle région.

Selon vos intérêts, vous pourrez étudier une région de France riche en histoire, comme l'Alsace, ou vous pourrez peut-être étudier une région que vous avez déjà visitée, comme la Bretagne. Vous pourrez choisir un grand centre urbain comme Paris ou peut-être une région rurale, comme le Limousin. La littérature ou le cinéma pourraient vous donner envie d'en savoir plus sur une région, par exemple les romans de Marcel Pagnol et les films Jean de Florette et Manon des Sources vous encourageront à étudier la Provence. Vous pouvez aussi, bien sûr, étudier un département d'outre-mer, comme la Martinique.

Nice

Paris

La Lorraine

Patricia Giardi, 17 ans, habite à Nancy

Je vais vous présenter ma région, la Lorraine, qui a une population de plus de deux millions d'habitants. La région est connue pour ses industries lourdes comme la sidérurgie, mais la dernière mine de charbon a fermé en 2004. Comme ressources agricoles, il y a les céréales et les vergers de pruniers comme la mirabelle. La Lorraine produit chaque année 40 000 tonnes de mirabelles.

Un des personnages historiques français les plus célèbres est Jeanne d'Arc qui est née en Lorraine, à Domrémy. A 13 ans, elle entend des voix divines lui ordonnant de partir pour Orléans, pour chasser les Anglais. En janvier 1431, elle est capturée par les Anglais et elle est brûlée vive en mai 1431.

La Première Guerre mondiale a touché durement la Lorraine. En 1916 autour de Verdun, plusieurs villages ont été entièrement détruits et jamais reconstruits. Pendant la Seconde Guerre mondiale, la Lorraine a été annexée par les Allemands en 1940 jusqu'à sa libération en 1944–45.

Après la guerre, de nombreux immigrants, principalement d'Italie, sont venus s'y installer, dont mon père qui est maçon.

Actuellement, les transports sont en pleine expansion avec notamment la nouvelle ligne TGV reliant Paris à Strasbourg.

Comme dans beaucoup de régions de France, la gastronomie tient une place importante. La quiche lorraine est le plat le plus connu.

Au nord, le plateau lorrain est assez uniforme mais vers le sud s'élève le massif des Vosges. Ici, on fait des sports d'hiver.

Je suis fière de ma ville. La place Stanislas à Nancy est une des plus belles places d'Europe.

Place Stanislas, Nancy

1 Lisez le texte sur la Lorraine, page 82, et les phrases a–j et écrivez vrai ou faux.

a   Il n'y a plus de mines de charbon en Lorraine.

b   La mirabelle est une petite prune, cultivée en Lorraine.

c   Jeanne d'Arc est née à Orléans.

d   On a reconstruit tous les villages détruits pendant la Première Guerre mondiale.

e   Le père de Patricia est né en France.

f   La nouvelle ligne TGV passe par la Lorraine.

g   Il y a des montagnes dans le nord de la région.

h   On peut faire du ski dans la région.

i   Patricia aime habiter à Nancy.

j   La place Stanislas n'est pas très jolie.

2 💡 Choisissez une région française et faites des recherches sur les aspects suivants. Ecrivez un exposé de 200 mots. (Feuille)

- la population
- la géographie et l'histoire de la région
- un personnage célèbre qui est né dans la région
- les industries de la région, y compris le tourisme
- la culture et la gastronomie
- l'avenir de la région

3 🎧 Ecoutez l'entretien et faites-en un résumé en anglais. Donnez les informations suivantes:

- les avantages et inconvénients de la vie en ville
- les avantages et les inconvénients de la vie rurale

4 💡 Choisissez une région rurale en France. Faites des recherches sur les aspects suivants pour faire une présentation orale. (Feuille)

- les jeunes et les études
- le chômage et l'emploi
- l'exode rural et les résidences secondaires
- l'avenir de la région
- les avantages d'habiter une région rurale pour les jeunes
- les inconvénients d'habiter une région rurale pour les jeunes

5 Pour connaître une région de France, posez ces questions à votre partenaire qui va parler d'une région qu'il/elle a étudiée.

a   Où se trouve la région exactement?

b   Pourquoi as-tu choisi cette région?

c   Que sais-tu de la géographie de la région?

d   Quelles sont les industries principales de la région?

e   Est-ce que l'économie locale est dynamique?

f   Quels sont les avantages d'habiter cette région?

g   Et quels en sont les inconvénients?

h   Est-ce que tu aimerais habiter dans cette région?

Compétences

Structuring a written response

Your written presentation can be enhanced by the use of link phrases:

... est une superbe région avec une belle campagne.

En plus, il y a l'océan...

Quant au climat, il est...

D'ailleurs, la gastronomie est riche: huîtres...

Il faut dire aussi que le... est splendide, particulièrement à...

En ce qui concerne l'économie...

Il y a vingt ans, il y avait peu de... Cependant de nos jours, il y a un...

Actuellement... est en pleine expansion.

Pour conclure...

𝑖 Vos enquêtes

When you have chosen a region to study, you may wish to gain a broader knowledge of the area by researching novels, stories or films set in the vicinity. For example, the films *Le Fabuleux Destin d'Amélie Poulain* and *La Haine* give two very different and contrasting views of life in Paris. Alternatively, find out about a famous person who came from the area and see if he/she wrote about their childhood experiences in the region.

L'île de la Réunion

La Réunion est une île volcanique de l'océan Indien, située à environ 700 km à l'est de Madagascar et à 200 km au sud-ouest de l'île Maurice. Certainement déjà connue des navigateurs arabes, l'île de la Réunion a été découverte par des marins portugais au seizième siècle. Ils la décrivent comme « un véritable paradis terrestre ».

La Réunion offre des paysages naturels impressionnants et une diversité culturelle, qui constituent ses principaux avantages touristiques. Les Français ont pris possession de l'île au nom du roi en 1649, principalement pour chasser les pirates qui y habitaient, et l'ont baptisée « île Bourbon », du nom de la famille royale.

La dernière éruption d'un volcan remonte à 2007. L'érosion a donné aux paysages volcaniques des reliefs abrupts, des canyons, de multiples cascades, qui rendent l'île très belle.

La diversité des végétations est aussi impressionnante avec des fleurs et des arbres exotiques. Il y a plus de mille espèces de plantes sur l'île.

Le climat est tropical, avec des températures de 30°C en janvier et de 20°C en hiver (juillet).

Depuis la Seconde Guerre mondiale, la Réunion connaît une croissance économique dynamique, à cause de la modernisation, l'introduction de l'électricité, l'éradication du paludisme et la construction d'une université. Cependant, malgré ces progrès, le taux de chômage est toujours supérieur à 30%.

Naturellement, le tourisme constitue la première ressource économique de l'île mais il y a aussi la production de canne à sucre et la pêche. Les fruits de mer sont une spécialité de la cuisine locale.

En 2005, le tourisme était sérieusement menacé par l'épidémie du chikungunya, qui a touché 157 000 personnes donc plus de 20 pour cent de la population avec 77 morts. Cette maladie est transmise par un moustique et se traduit par une forte poussée de fièvre accompagnée de douleurs causant même des paralysies d'où le nom chikungunya « celui qui marche courbé » en swahili.

1 Lisez le texte et corrigez le détail incorrect dans chaque phrase.

a La Reunion a été découverte par des navigateurs français au 16ème siècle.

b Les Français ont baptisé l'île « l'île des pirates ».

c Les volcans ne sont plus actifs.

d Il fait moins chaud au mois de janvier.

e Le risque de paludisme est grave.

f L'université date du 19ème siècle.

g Le taux de chômage est en baisse.

h On ne mange pas de fruits de mer.

i La plupart des habitants sont tombés malades à cause du chikungunya.

j Cette maladie est provoquée par une mauvaise alimentation.

1 Lisez le texte sur la Lorraine, page 82, et les phrases a–j et écrivez vrai ou faux.

a   Il n'y a plus de mines de charbon en Lorraine.

b   La mirabelle est une petite prune, cultivée en Lorraine.

c   Jeanne d'Arc est née à Orléans.

d   On a reconstruit tous les villages détruits pendant la Première Guerre mondiale.

e   Le père de Patricia est né en France.

f   La nouvelle ligne TGV passe par la Lorraine.

g   Il y a des montagnes dans le nord de la région.

h   On peut faire du ski dans la région.

i   Patricia aime habiter à Nancy.

j   La place Stanislas n'est pas très jolie.

2 💡 Choisissez une région française et faites des recherches sur les aspects suivants. Ecrivez un exposé de 200 mots. (Feuille)

- la population
- la géographie et l'histoire de la région
- un personnage célèbre qui est né dans la région
- les industries de la région, y compris le tourisme
- la culture et la gastronomie
- l'avenir de la région

3 🎧 Ecoutez l'entretien et faites-en un résumé en anglais. Donnez les informations suivantes:

- les avantages et inconvénients de la vie en ville
- les avantages et les inconvénients de la vie rurale

4 💡 Choisissez une région rurale en France. Faites des recherches sur les aspects suivants pour faire une présentation orale. (Feuille)

- les jeunes et les études
- le chômage et l'emploi
- l'exode rural et les résidences secondaires
- l'avenir de la région
- les avantages d'habiter une région rurale pour les jeunes
- les inconvénients d'habiter une région rurale pour les jeunes

5 Pour connaître une région de France, posez ces questions à votre partenaire qui va parler d'une région qu'il/elle a étudiée.

a   Où se trouve la région exactement?

b   Pourquoi as-tu choisi cette région?

c   Que sais-tu de la géographie de la région?

d   Quelles sont les industries principales de la région?

e   Est-ce que l'économie locale est dynamique?

f   Quels sont les avantages d'habiter cette région?

g   Et quels en sont les inconvénients?

h   Est-ce que tu aimerais habiter dans cette région?

🏴 Compétences

Structuring a written response

Your written presentation can be enhanced by the use of link phrases:

... est une superbe région avec une belle campagne.

En plus, il y a l'océan...

Quant au climat, il est...

D'ailleurs, la gastronomie est riche: huîtres...

Il faut dire aussi que le... est splendide, particulièrement à...

En ce qui concerne l'économie...

Il y a vingt ans, il y avait peu de... Cependant de nos jours, il y a un...

Actuellement... est en pleine expansion.

Pour conclure...

---

i Vos enquêtes

When you have chosen a region to study, you may wish to gain a broader knowledge of the area by researching novels, stories or films set in the vicinity. For example, the films *Le Fabuleux Destin d'Amélie Poulain* and *La Haine* give two very different and contrasting views of life in Paris. Alternatively, find out about a famous person who came from the area and see if he/she wrote about their childhood experiences in the region.

L'île de la Réunion

La Réunion est une île volcanique de l'océan Indien, située à environ 700 km à l'est de Madagascar et à 200 km au sud-ouest de l'île Maurice. Certainement déjà connue des navigateurs arabes, l'île de la Réunion a été découverte par des marins portugais au seizième siècle. Ils la décrivent comme « un véritable paradis terrestre ».

La Réunion offre des paysages naturels impressionnants et une diversité culturelle, qui constituent ses principaux avantages touristiques. Les Français ont pris possession de l'île au nom du roi en 1649, principalement pour chasser les pirates qui y habitaient, et l'ont baptisée « île Bourbon », du nom de la famille royale.

La dernière éruption d'un volcan remonte à 2007. L'érosion a donné aux paysages volcaniques des reliefs abrupts, des canyons, de multiples cascades, qui rendent l'île très belle.

La diversité des végétations est aussi impressionnante avec des fleurs et des arbres exotiques. Il y a plus de mille espèces de plantes sur l'île.

Le climat est tropical, avec des températures de 30°C en janvier et de 20°C en hiver (juillet).

Depuis la Seconde Guerre mondiale, la Réunion connaît une croissance économique dynamique, à cause de la modernisation, l'introduction de l'électricité, l'éradication du paludisme et la construction d'une université. Cependant, malgré ces progrès, le taux de chômage est toujours supérieur à 30%.

Naturellement, le tourisme constitue la première ressource économique de l'île mais il y a aussi la production de canne à sucre et la pêche. Les fruits de mer sont une spécialité de la cuisine locale.

En 2005, le tourisme était sérieusement menacé par l'épidémie du chikungunya, qui a touché 157 000 personnes donc plus de 20 pour cent de la population avec 77 morts. Cette maladie est transmise par un moustique et se traduit par une forte poussée de fièvre accompagnée de douleurs causant même des paralysies d'où le nom chikungunya « celui qui marche courbé » en swahili.

1 Lisez le texte et corrigez le détail incorrect dans chaque phrase.

a   La Reunion a été découverte par des navigateurs français au 16ème siècle.

b   Les Français ont baptisé l'île « l'île des pirates ».

c   Les volcans ne sont plus actifs.

d   Il fait moins chaud au mois de janvier.

e   Le risque de paludisme est grave.

f   L'université date du 19ème siècle.

g   Le taux de chômage est en baisse.

h   On ne mange pas de fruits de mer.

i   La plupart des habitants sont tombés malades à cause du chikungunya.

j   Cette maladie est provoquée par une mauvaise alimentation.

2 L'île de la Réunion a trois ressources économiques principales: le tourisme, la canne à sucre et la pêche. Faites des recherches et décrivez les ressources économiques des régions suivantes:

- la Bretagne
- l'Auvergne
- l'Alsace
- la Guadeloupe
- la Corse

3 🎧 Ecoutez l'entretien et notez les quatre phrases qui sont vraies.

a   Isabelle a réussi au bac.

b   Elle n'a jamais visité la France.

c   Elle n'aime pas beaucoup voyager.

d   Selon Isabelle, il n'y a pas assez d'emplois à la Réunion.

e   Elle trouve les Canadiens très sympas.

f   Elle va avoir sa licence cette année.

g   Elle va retourner à la Réunion à la fin de ses études.

h   La cuisine réunionnaise lui manque.

i   Il neige beaucoup à la Réunion.

4 💡 Imaginez que vous avez quitté votre ville natale pour étudier dans un autre pays francophone. Faites une présentation orale en répondant aux questions suivantes. (Feuille)

- Qu'est ce qui vous a décidé à partir?
- Que pensez-vous de votre ville natale?
- Comment trouvez-vous la ville où vous étudiez?
- Comment s'est passée votre arrivée?
- Quels sont vos projets pour l'avenir?
- Qu'est-ce qui vous manque de votre ville natale?

5 💡 Posez ces questions à un/une partenaire qui va parler d'un pays francophone. (Feuille)

a   Où se trouve la région que tu as étudiée?

b   Que sais-tu de son histoire?

c   Combien d'habitants y a-t-il?

d   Est-ce que la population est en hausse ou en baisse?

e   Que sais-tu de la géographie de la région et de son influence sur le progrès régional?

f   Quelles sont les principales industries?

g   Comment est-ce que ces industries ont changé ces dernières années?

h   Qu'est-ce qui va se passer à l'avenir?

i   Qu'est-ce qui favorise ou freine le développement économique de la région?

j   Est-ce que tu aimerais habiter dans cette région? Pourquoi/Pourquoi pas?

🔑 Compétences

Structuring a spoken response

Use link phrases to develop your presentation:

Pour moi, l'aspect le plus attrayant de cette région, c'est sans doute...

Ce qui me plaît aussi, c'est...

En ce me qui concerne, c'est...

Ce que j'aime le plus, c'est...

Ce qui me manque, c'est...

En fin de compte, je dois avouer que...

𝑖 Vos enquêtes

You should now have an idea of which region you would like to study further. Consider historical, geographic and economic influences and how the region is likely to change over the coming years. Finally, decide what you find attractive about the area and be prepared to say whether you would like to live there.

𝑖 WebQuest

Paris et l'Ile-de-France, est-ce qu'il fait bon vivre dans cette région?

Faites des recherches sur Paris et sa région pour participer à un débat qui essaie de répondre à la question: « Fait-il bon vivre à Paris? »

La France au vingtième siècle

1981

Dans cette section, on va vous présenter des événements importants dans l'histoire de la France du vingtième siècle. Vous allez apprendre des renseignements sur les causes et les conséquences de ces événements et on va considérer le rôle joué par des personnages importants pendant cette période.

Selon vos intérêts, vous pouvez étudier les guerres qui ont eu lieu au siècle dernier, comme la Première et la Seconde Guerre mondiales, ou vous pourrez peut-être étudier les effets des événements de mai 1968. Vous pourrez choisir d'analyser les conséquences de l'élection du président socialiste François Mitterrand en 1981.

Charles de Gaulle

Charles de Gaulle est né le 22 novembre 1890 à Lille. C'était un général français qui est devenu, après son exil à Londres, le chef de la résistance à l'occupation allemande de la France pendant la Seconde Guerre mondiale. Après la Libération en 1944 il est devenu brièvement président de la France, puis le fondateur de la Ve République en 1958, dont il a été le premier président de 1959 à 1969. Il est mort le 9 novembre 1970 à Colombey-les-Deux-Eglises, en Haute-Marne.

La France a déclaré la guerre à l'Allemagne nazie en septembre 1939, mais c'est seulement en mai 1940 que l'armée allemande attaque la France. Les Français sont vite battus.

En juin 1940, le gouvernement de la France, confié au maréchal Pétain, signe un armistice avec Hitler. Une grande partie de la France est occupée par les Allemands. La partie sud du pays devient la zone libre sous le contrôle du gouvernement établi par Pétain à Vichy. En exil à Londres, où il a trouvé asile après la défaite, de Gaulle trouve cet accord inacceptable et lance un appel à la Résistance dans un célèbre discours diffusé par la BBC le 18 juin 1940... Sa tâche est difficile, mais une armée de résistance extérieure est créée.

Le général de Gaulle, à la tête de la France libre, voulait unifier la Résistance extérieure et la Résistance intérieure. Il a donc envoyé Jean Moulin en France en 1942.

La Résistance participe à la libération de la France. Après le débarquement en Normandie du 6 juin 1944 (le jour J), Paris est libéré le 25 août 1944. De Gaulle est salué comme un héros sur les Champs-Elysées. Beaucoup de Français le considèrent toujours comme un grand homme.

1944

1 Lisez le texte et mettez ces événements dans le bon ordre.

a Les Alliés envahissent la France.

b Les Allemands envahissent la France.

c Charles de Gaulle s'échappe à Londres.

d Pétain devient chef de l'Etat de la zone libre.

e La Seconde Guerre mondiale commence.

f De Gaulle est acclamé par des foules à Paris.

g Les groupes de résistants sont réunis.

h De Gaulle prononce un discours important à la radio.

2 💡 Choisissez un personnage qui a joué un rôle important dans l'histoire de la France du 20ème siècle. Faites des recherches pour écrire un article sur les aspects suivants. (Feuille)

- sa naissance et son enfance
- son éducation
- les événements qui ont influencé le personnage
- les actions du personnage
- son importance
- sa réputation

Pour vous aider, utilisez ces phrases:

Il/Elle a passé son enfance…

Il/Elle a reçu une éducation à…

En… un événement s'est passé qui a beaucoup influencé…

En conséquence, … a décidé de…

Selon ses proches, c'était un homme/une femme qui…

Il/Elle voulait… / avait pour but…

3 🎧 Ecoutez un professeur d'histore-géo parler de Jean Moulin et répondez aux questions en anglais.

a   What do we know about Jean Moulin's father?

b   What were the three essential values which Jean Moulin learnt from his father?

c   What significant event happened in 1937?

d   Why, according to Christian, is Moulin such a good role model?

e   How did Moulin succeed in uniting the French Resistance?

f   What has never been proved?

g   What happened to Moulin after his arrest?

h   How is he often remembered today?

4 💡 Faites des recherches sur les aspects suivants de l'Occupation pour faire une présentation orale. (Feuille)

- les raisons de la défaite de la France en 1940
- le rôle du maréchal Pétain
- le traitement des Juifs (par exemple la rafle du Vélodrome d'hiver)
- les succès de la Résistance française
- la collaboration (par exemple le rôle de René Bousquet)
- Pour vous, quelle est l'importance de la Résistance française?

5 Posez ces questions à votre partenaire qui va parler d'un événement historique qu'il/elle a étudié.

a   Quand est-ce que l'événement s'est passé?

b   Pourquoi as-tu choisi d'étudier cet événement?

c   Parle-moi de ce qui s'est passé exactement.

d   Quelles ont été les conséquences de cet événement?

e   A ton avis, quelle est l'importance de cet événement?

🐾 Compétences

Narrating events in the past

The following expressions can be used to help:

Il y a quatre jours
Par cette belle journée

En début de
Tout d'abord
Puis
Ensuite

En quelques secondes
Peu de temps après
Le lendemain

L'Occupation de Paris, 14 juin 1940

ℹ️ Vos enquêtes

If you have chosen to study France during the Second World War, you may wish to gain a broader knowledge of the subject by researching novels, stories or films set at the time. For example, the film *Au revoir, les enfants* deals with the treatment of the Jews during the Occupation, as does the novel *Un Sac de billes*. The short novel by Vercors, *Le Silence de la mer*, deals with the effect of war and resistance on ordinary people. Alternatively, such films as *Lacombe Lucien* and *L'Armée des ombres* deal with collaboration and resistance. Marcel Ophul's controversial documentary *Le Chagrin et la pitié* examines these issues in great depth.

La guerre d'Algérie 1954–1962
« La sale guerre »

A la fin de la Seconde Guerre mondiale, de violentes manifestations eurent lieu en Algérie contre l'occupation française. Les manifestants demandaient l'indépendance. En Algérie, environ un million de pieds-noirs (des Français d'Algérie) possédaient les meilleures terres agricoles et ne voulaient pas partager le pouvoir avec les huit millions de musulmans qui avaient un niveau de vie très bas.

Le Front de libération nationale (FLN) soutint la lutte armée pour l'indépendance nationale de l'Etat algérien. En novembre 1954, une vague d'attentats contre les Français en Algérie signala le début de la guerre et le gouvernement français envoya des renforts militaires. En 1955, le FLN organisa un soulèvement de musulmans qui attaquèrent les quartiers européens des villes et tuèrent les habitants des fermes isolées, faisant une centaine de morts. Les forces françaises répondirent par une dure répression. On compta un millier de victimes.

Militairement, la France avait des forces supérieures mais elle ne put empêcher la guérilla et le terrorisme. La population musulmane soutenait le FLN, par conviction ou par crainte des représailles.

La réputation de la France souffrit dans le monde entier à cause des histoires de torture en Algérie et l'économie de la France fut menacée par l'inflation provoquée par la guerre. En

même temps, le conflit algérien provoqua une crise morale: des intellectuels, des étudiants et des représentants des Eglises exigeaient la fin de la guerre et protestaient contre l'utilisation de la torture.

En 1958, de Gaulle retourna au pouvoir et il imposa à l'armée et aux Européens l'indépendance de l'Algérie. En 1960, il commença des pourparlers avec le FLN qui aboutirent en 1962 aux accords d'Evian, reconnaissant l'indépendance de l'Algérie.

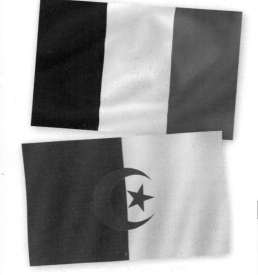

1 **Lisez le texte et les phrases suivantes et écrivez vrai ou faux.**

a   La guerre d'Algérie a commencé avant la Seconde Guerre mondiale.

b   Les pieds-noirs sont des musulmans.

c   Les musulmans algériens n'avaient pas une très bonne qualité de vie.

d   Le FLN était opposé à la violence.

e   Les Français ont réagi d'une façon violente aux massacres dans les quartiers européens.

f   La France avait du mal à combattre le terrorisme malgré sa supériorité militaire.

g   D'autres pays ont condamné les actions des Français en Algérie.

h   Tous les Français ont soutenu la politique du gouvernement.

i   De Gaulle n'était pas en faveur de l'indépendance de l'Algérie.

j   L'Algérie est devenue indépendante en 1962.

◪ Compétences

Understanding the past historic

When reading about historical events, you are likely to come across the *passé simple* or past historic tense. You do not need to use this tense yourself, but it is helpful to recognise key verb forms. See page 114.

Find the verb in the past historic in the following sentences. Which verb do you think they are from?

A la fin de la Seconde Guerre mondiale, de violentes manifestations eurent lieu en Algérie.

L'économie de la France fut menacée par l'inflation.

En 1958, de Gaulle retourna au pouvoir.

En 1960, il commença des pourparlers avec le FLN.

2 💡 Faites des recherches et décrivez le rôle joué par les personnages ci-dessous pendant la guerre d'Algérie. A votre avis, quelle a été l'importance des actions de chaque personnage? (Feuille)

- Guy Mollet
- François Mitterrand
- Ben Bella
- Mohamed Khider
- le général Massu
- Charles de Gaulle

3 🎧 Ecoutez l'entretien avec Fatima, la fille d'un harki, c'est-à-dire un musulman qui était engagé dans l'armée française pendant la guerre d'Algérie.

Complétez les phrases.

a   Pour Fatima, un harki est un …… qui ne voulait pas l'indépendance de l'Algérie.

b   Le père de Fatima a décidé de quitter l'Algérie à cause des ……

c   En arrivant en France, la famille de Fatima habitait dans un ……

d   L'attitude des Français envers les harkis a rendu le père de Fatima très ……

e   Fatima se sent …… par ses expériences en France.

Fatima

ℹ WebQuest

Mai 68: comment l'avez-vous vécu?

Faites des recherches sur les événements de mai 68 pour faire une présentation sur ce qui s'est passé et les conséquences de cette période, du point de vue d'un étudiant/une étudiante qui a participé aux manifestations.

4 💡 Imaginez que vous avez quitté l'Algérie pour venir en France à la fin de la guerre. Faites une présentation orale en répondant aux questions suivantes. (Feuille)

a   Pourquoi avez-vous quitté l'Algérie?

b   Quels étaient vos espoirs en arrivant en France?

c   Comment a été votre accueil en France?

d   Où avez-vous logé après votre arrivée?

e   Quels sont vos projets pour l'avenir?

f   Qu'est-ce que vous pensez de l'attitude du gouvernement français envers les harkis?

5 Posez ces questions à votre partenaire qui va parler des expériences d'un pied-noir.

a   Que sais-tu de l'origine du terme "pied-noir"?

b   Parle-moi des caractéristiques d'un pied-noir.

c   Qu'est-ce qui s'est passé pendant la guerre d'Algérie?

d   Quelles ont été les conséquences de la guerre pour les pieds-noirs?

e   Que penses-tu de leur accueil en France?

ℹ Vos enquêtes

You will by now have studied some significant events of the history of 20th-century France and should have an idea of which period you would like to study in more depth. Examine the causes behind the key events of your chosen period and consider the lasting importance of these events. Look closely at the specific actions of at least two important individuals who were influential at the time. Finally, be prepared to give a personal perspective on the period of history and say whether you would have liked to have lived then.

C   L'œuvre d'un auteur français

Albert Camus

Dans cette section vous allez trouver des renseignements sur plusieurs auteurs et leur œuvre. On va considérer les thèmes majeurs de leurs livres et les influences qui les ont poussés à les écrire. Les Français sont fiers de leur longue tradition littéraire.

Selon vos intérêts, vous pourrez étudier des livres classiques du 19ème siècle par des auteurs comme Flaubert, Zola ou Balzac ou vous pourrez choisir un livre que l'on a adapté pour le cinéma. Les romans de Jean-Paul Sartre, André Gide, Albert Camus ou François Mauriac restent toujours très populaires en France, mais vous pourrez étudier un auteur plus récent comme Tahar Ben Jalloun (*L'enfant de sable*) ou Faïza Guène (*Kiffe kiffe demain*).

Magasin spécialisé dans la distribution de produits culturels: musique, littérature, cinéma

Jean-Paul Sartre

Faïza Guène

Kiffe kiffe demain est le premier roman de Faïza Guène. Elle avait 20 ans quand le roman est sorti en 2004. Elle a écrit le roman qui est en partie autobiographique pour parler de la vie dans les banlieues parisiennes. Elle n'essaie pas de cacher les problèmes des cités, mais elle nous donne en même temps une galerie de portraits pleine d'humour.

Doria, quinze ans, vit avec sa mère dans un appartement de la banlieue parisienne. Elle raconte les événements de sa vie et elle nous présente sa mère, qui est femme de ménage dans un hôtel. Elle nous parle aussi de son père, qui est parti pour trouver une nouvelle femme au Maroc. Elle nous décrit enfin son monde, ses rêves, la réalité de sa vie.

Doria a des problèmes à l'école, une psychologue pour l'aider et une assistante sociale qu'elle surnomme Barbie. A travers les yeux de Doria, Faïza Guène jette un regard vif, amusant et parfois moqueur sur la vie d'une adolescente qui habite un quartier difficile.

Appréciations des lecteurs

Karine, 16 ans
Je trouve ce livre très rafraîchissant, c'est drôle et bien écrit. Malheureusement, l'histoire m'a un peu déçue parce qu'entre le début et la fin, il ne se passe pas grand-chose.

Georges, 17 ans
J'ai trouvé ce livre impressionnant et je le recommande à tous mes copains.

Audrey, 15 ans
La cité de Doria n'a pas bonne réputation. Tout y est: le racisme, l'ennui et le pessimisme. Faïza Guène examine la société française d'un œil tendre et marrant. Le langage est réel et direct. Les émotions sont vraisemblables.

Salma, 18 ans
Encore un livre qui parle de la banlieue. J'en ai marre. J'ai envie de lire des livres qui présentent un point de vue plus optimiste du monde.

Isabelle, 16 ans
Le personnage de Doria est intéressant et évolue pendant le livre. Pour moi, pourtant, le roman dans l'ensemble est un peu artificiel puisque l'auteur mélange le langage des quartiers avec un style assez littéraire qui sonne un peu faux.

Olivier, 15 ans
Je ne peux pas supporter ce livre. Les personnages ne m'intéressent pas et les situations ne me semblent pas réelles.

1 Lisez (à la page 90) les appréciations des lecteurs de *Kiffe kiffe demain*. Décidez si chaque personne a une opinion positive, négative ou une opinion partagée du livre.

Karine   Georges   Audrey   Salma   Isabelle   Olivier

2 Choisissez un auteur français et faites des recherches pour écrire un article sur les aspects suivants. (Feuille)

* son enfance, son éducation et les événements qui l'ont influencé(e)
* son premier livre et la réaction des critiques
* ses autres livres et son plus grand succès
* sa réputation

3 Ecoutez un reportage sur Faïza Guène. Répondez aux questions en anglais.

a   What was Faïza's original intention?

b   What was her main influence when she was younger?

c   What do we know about the plot of the short film *Rien que des mots*?

d   Why did Faïza decide to write *Kiffe kiffe demain*?

e   How does the reporter illustrate the success of the novel?

4 Faites des recherches sur le deuxième roman de Faïza Guène, *Du rêve pour les oufs*. Faites une présentation orale. (Feuille)

a   De quoi s'agit-il?

b   Que savez-vous du personnage principal?

c   Où habite-t-elle?

d   Quelle est sa personnalité?

e   Que savez-vous de sa famille?

f   Quelles sont les différences entre ce livre et *Kiffe kiffe demain*?

g   Comment a-t-on accueilli le livre à sa sortie?

5 Posez ces questions à un/une partenaire qui va parler de *Du rêve pour les oufs*.

a   On a publié le livre en quelle année?

b   C'est quel genre de livre?

c   Quand est-ce que l'action se passe?

d   Où se passe le roman?

e   Est-ce que l'auteur nous donne explicitement la caractérisation ou est-ce que le lecteur doit se servir de son imagination?

f   Décris un événement important dans la vie d'un de ces personnages et les conséquences de cet événement.

g   Quelle vue du monde nous présente l'auteur?

h   Est-ce que tu recommanderais ce livre? Pourquoi/Pourquoi pas?

 Compétences

Talking or writing about a book

1   *L'auteur, le titre du roman et la date de publication*

2   *Un résumé de l'histoire*

3   *Le rôle du narrateur*

4   *Les personnages*

5   *La structure (le temps et l'espace)*

6   *Les thèmes*

7   *Votre opinion*

Un long dimanche de fiançailles

 Vos enquêtes

When choosing a French author, you may wish to select a book that has been made into a film.

Marcel Pagnol's novels *Jean de Florette* and *Manon des Sources* were successfully adapted by Claude Berri. There are also film versions of the same author's autobiographical works, *La Gloire de mon père* and *Le château de ma mère*.

More recently, Sébastien Japrisot novel *Un long dimanche de fiançailles*, set during and just after the First World War, has been filmed by Jean-Pierre Jeunet.

Claude Chabrol has filmed Flaubert's masterpiece, *Madame Bovary*, and the same author's story, *Un Cœur simple*, has been adapted by Marion Laine.

Novels by Balzac adapted for the big screen include *Le Colonel Chabert* and *La Cousine Bette*.

Bonjour tristesse par Françoise Sagan

Ce roman a été publié en 1954, quand Françoise Sagan avait seulement 19 ans. Le roman a connu un succès immédiat. Elle était la fille d'industriels aisés, et elle a passé une enfance heureuse mais elle n'était pas une brillante élève: elle préfère lire Sartre et Camus tout en fréquentant les clubs de jazz du quartier latin. Elle rate ses examens universitaires.

Dans le roman, Cécile, 17 ans, a passé son enfance en pension. Après la mort de sa mère, elle vit depuis deux ans avec son père Raymond. Elle mène une existence paresseuse et Raymond lui accorde une grande liberté. Son père a de nombreuses liaisons amoureuses.

Cet été, Cécile, son père Raymond, et Elsa, sa maîtresse, partent en vacances sur la Côte d'Azur. Raymond a également invité Anne, une femme intelligente, qui était l'amie de sa femme. Très vite Anne prend en main la vie de Cécile et décide notamment de la faire réviser pour son baccalauréat. Anne n'approuve pas les rapports de Cécile avec Cyril, un jeune étudiant.

Raymond abandonne Elsa et devient l'amant d'Anne. Il pense même l'épouser. Cécile a peur de perdre sa liberté. Furieuse, elle réussit à persuader son petit ami Cyril de faire semblant de tomber amoureuse d'Elsa. Raymond ne peut pas supporter de voir Elsa avec un adolescent à peine plus âgé que sa fille, et il se retrouve bientôt dans les bras de son ancienne maîtresse.

Anne les surprend. Désespérée, elle part tout de suite mais elle est tuée dans un accident de voiture. Pour Cécile, la vie ne sera jamais la même car elle connaît maintenant un sentiment nouveau: la tristesse.

---

1 Trouvez l'équivalent de ces expressions dans le texte.

a on a fait paraître ce roman
b une réussite
c elle vit d'une façon indolente
d lui donne beaucoup d'indépendance
e se charge de
f se marier avec elle
g craint
h convaincre
i feindre
j tolérer
k effondrée
l une nouvelle émotion

2 Faites des recherches sur trois des livres suivants pour en faire un résumé écrit. Mentionnez les aspects suivants:

• l'auteur
• le contexte du livre
• les personnages principaux
• les thèmes du livre
• avez-vous envie de lire le livre?

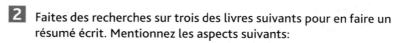

3 🎧 Ecoutez une discussion sur le roman *Le Petit Prince* d'Antoine de Saint-Exupéry. Lisez les phrases a–h; c'est Lorie, Thierry, Karine ou Ludovic?

a   Who thinks that the book is suitable for people of all ages?

b   Who has read aloud an extract from the book?

c   Who has had the book read aloud to them?

d   Who believes one reading is not enough?

e   Who thinks everyone likes the book?

f   Who finds the style childish?

g   Who claims the book has influenced them greatly?

h   Who could not put the book down?

4 💡 Choisissez un livre que vous avez lu. Faites une présentation orale en considérant les aspects suivants. (Feuille)

a   Le titre et la date de publication.

b   Au début du livre, qu'est-ce que nous apprenons du cadre de l'intrigue: le lieu, l'époque, les personnages…?

c   Parlez d'un événement important qui fait avancer l'intrigue: par exemple, une rencontre, une découverte ou un événement inattendu…

d   Parlez d'une suite d'événements de résolution qui se passent à la fin de l'intrigue.

e   Décrivez la conclusion.

5 💡 Posez ces questions à un/une partenaire qui va parler d'un livre qu'il/elle a lu. (Feuille)

a   Le récit est-il facile ou difficile à lire?

b   Le roman est-il vraisemblable ou invraisemblable?

c   Les thèmes du roman t'intéressent?

d   Les personnages principaux t'intéressent?

e   As-tu apprécié le style?

f   Le roman te paraît-il bien ou pas bien construit?

g   Le récit semble original?

h   Quelle est ta réaction émotionnelle au livre?

🗝 **Compétences**

Giving a personal evaluation of a book

Le livre est accessible et facile à lire / compliqué et difficile à lire.

L'intrigue est vraisemblable / n'est pas tout à fait convaincante.

Les thèmes du roman m'intéressent / ne m'intéressent pas du tout.

Les personnages m'intéressent / ne m'intéressent pas du tout.

Le style est direct et simple / trop poétique pour moi.

Le livre est bien construit / n'est pas bien construit.

Le livre est tout à fait original / est plein de clichés.

Je me passionne pour ce livre / Ce livre ne me dit rien.

ℹ WebQuest

***L'Etranger* de Camus: un point de vue personnel**

Faites des recherches sur *L'Etranger* d'Albert Camus pour écrire une composition dans laquelle vous donnez votre point de vue personnel sur le roman.

ℹ Vos enquêtes

You will by now have studied a variety of French novels and stories and should have an idea of which author you would like to study in more depth. You need to consider the context and background of the author's work. You will have to identify the main themes, ideas and messages of the author and what techniques the author uses to convey these. Include some research into what influenced the author and how successfully their work was received. Finally, do not forget to give your own personal appraisal and evaluation of the author's work.

D L'œuvre d'un dramaturge ou d'un poète français

L'Avare, par Molière

Dans cette section, on va vous présenter des informations sur des dramaturges et des poètes français. On va considérer les thèmes majeurs de leurs œuvres et les techniques que ces auteurs utilisent pour créer l'impact de leurs pièces et leurs poèmes. Selon vos intérêts, vous pouvez étudier des dramaturges et des poètes classiques ou plus récents; le théâtre français est riche en textes anciens, modernes ou contemporains. Vous pourrez étudier les comédies de Molière, les tragédies de Racine ou le théâtre français du 20ème siècle, avec des dramaturges comme Jean Anouilh ou Jean-Paul Sartre. Les plus beaux fleurons de la poésie française comprennent des poètes comme Baudelaire, Verlaine et Rimbaud. Vous avez aussi la possibilité d'étudier différents genres de poésie, par exemple la poésie de guerre ou la poésie romantique.

Molière

Molière n'était pas seulement acteur et dramaturge mais aussi metteur en scène et directeur de troupe. C'était un des plus grands écrivains français, pas seulement à cause de la façon dont il manipulait la langue française, mais surtout parce qu'il faisait rire. Dans ses pièces, il a attaqué des défauts comme l'hypocrisie, l'avarice et l'amour propre.

Dans *Le Misanthrope*, Alceste déteste l'amabilité artificielle. Il préfère une sincérité absolue et critique sévèrement l'hypocrisie. *Le Tartuffe* aussi traite le thème de l'hypocrisie. Orgon est tombé sous l'influence de Tartuffe, hypocrite et faux dévot. Tartuffe réussit à manipuler facilement Orgon. Cet hypocrite essaie de séduire Elmire, la femme de son bienfaiteur.

Dans *Dom Juan*, Molière a créé un personnage plein de vices qui sait expliquer clairement ses buts et ses convictions. *L'Avare* est une comédie qui traite de sujets sérieux: l'avarice, bien sûr, mais aussi la tyrannie domestique et l'égoïsme. Dans *Le Bourgeois Gentilhomme*, Monsieur Jourdain veut devenir gentilhomme en apprenant la danse ou la musique, des choses qui lui semblent indispensables pour se transformer en gentilhomme. Naturellement, il est ridicule et sa famille se moque de lui.

Dans la dernière comédie de Molière, *Le Malade imaginaire*, Argan se croit toujours malade et les médecins en profitent pour lui prendre son argent. Son obsession est telle qu'il veut marier sa fille à un médecin.

Selon Molière, le but de ses pièces était « d'attaquer par des peintures ridicules les vices du siècle » et pour lui « le devoir de la comédie est de corriger les hommes en les divertissant. »

Tartuffe, par Molière

1 Lisez le texte. Identifiez la pièce:

a   In which play is the main character obsessed with social standing?

b   What play shows how money leads to selfishness and threatens domestic harmony?

c   Which play deals with hypochondria?

d   In which play does the main character believe in total frankness and honesty?

e   In which play does the main character speak coherently about his vices and motivation?

f   In which play does religious hypocrisy almost destroy a family?

2 💡 Faites des recherches pour identifier les thèmes d'une des pièces suivantes et écrire des détails sur le personnage principal. (Feuille)

L'Avare

Dom Juan

Le Bourgeois Gentilhomme

Le Malade imaginaire

Le Misanthrope

3 🎧 Ecoutez l'entretien avec des spectateurs qui ont assisté à des représentations théâtrales. C'est qui: Lucie, Thomas, Angélique, Faroud ou Cécile?

a   Qui n'a pas aimé les vêtements des comédiens?

b   Qui n'a pas aimé les acteurs?

c   Qui voudrait devenir actrice?

d   Qui a trouvé la pièce très sombre?

e   Qui a aimé le rythme rapide de la pièce?

f   Qui a vu une pièce sur la politique?

g   Qui a apprécié l'interprétation mais n'a pas aimé la pièce?

h   Qui a aimé la pièce mais n'a pas aimé l'interprétation?

4 💡 Présentez une critique orale d'une pièce que vous avez vue. Parlez des aspects suivants. (Feuille)

- l'intrigue
- les personnages
- les acteurs
- la mise en scène
- la musique
- l'éclairage
- le rythme de la représentation
- votre avis personnel

5 Posez ces questions à un/une partenaire qui va parler d'une pièce qu'il/elle a vue.

a   C'est quel genre de pièce?

b   De quoi s'agit-il?

c   Comment est le personnage principal?

d   Quels sont les thèmes de cette pièce?

e   Quel est le message principal du dramaturge?

f   Est-ce que tu as apprécié l'interprétation des acteurs?

g   Comment as-tu trouvé le dénouement de la pièce?

h   Est-ce que tu as apprécié la pièce?

Yasmina Reza

Art, par Yasmina Reza

🧠 Compétences

Describing the work of a dramatist

When talking about the work of a dramatist, examine the following aspects:

- *l'exposition*
- *l'intrigue*
- *les personnages*
- *la langue*
- *les thèmes abordés*
- *le dénouement*

When talking about a performance of a play, you could consider the following:

- *le décor*
- *les costumes*
- *la mise en scène*
- *l'interprétation des acteurs*
- *le rythme de la représentation*
- *la musique*
- *l'éclairage*

ℹ️ Vos enquêtes

Many classic French plays are available on DVD. La Comédie Française has recorded many of its plays by Molière, Racine, Corneille, Marivaux and Beaumarchais. More recent dramatists of note include Eugène Ionesco, Jean Cocteau and Jean Anouilh. The contemporary playwright, Yasmina Reza, is well regarded and has had her plays translated into English and performed throughout the world.

If you want to find out more about Molière, films such as Laurent Tirard's *Molière* could be a good starting point. Eugène Ionesco's *La Cantatrice chauve* is a modern play that may appeal to you; this is an example of the 'Theatre of the absurd'. Writers of this style of drama demonstrate the originality and vitality of French theatre.

Jacques Prévert

Jacques Prévert est né en 1900 à Neuilly-sur-Seine, dans une famille bourgeoise. Dans ses poèmes, il ne cessera de se moquer des obsessions et des convenances de la bourgeoisie. Ses études lui donneront une antipathie envers la religion.

En 1920, il a fait son service militaire à Saint-Nicolas-de-Port, près de Lunéville. Ici, il rencontre le peintre Yves Tanguy. Peu de temps après, Jacques est envoyé en Turquie. A la suite de son service militaire, il devient un pacifiste convaincu.

De retour à Paris en 1922, Jacques fait partie du mouvement surréaliste auquel participent Louis Aragon et André Breton. Prévert prendra ses distances avec le parti communiste malgré l'influence du communisme dans sa défense des faibles et des opprimés.

Pendant la guerre, il quitte Paris et habite dans le sud à la Tourette-sur-Loup. Ici il tombe amoureux de Janine Loris, dont il s'inspire pour écrire des poèmes romantiques. Sa collection *Paroles* est publiée pour la première fois en 1945.

L'ouvrage est accueilli avec enthousiasme et est réédité à 5000 exemplaires dans la semaine suivant le jour de sa publication.

La Seconde Guerre mondiale finie, Prévert revient à Paris. Mais la guerre lui donne une haine du militarisme qui restera avec lui toute sa vie. Jacques Prévert est mort auprès de sa femme Janine en 1977 à Omonville.

Dans ses poèmes, il parle de la religion, de la guerre et de la violence, de l'amour et de la tristesse.

1 Lisez le texte. Reliez les étapes de la vie de Prévert (a–g) aux sujets que l'on trouve dans son œuvre (i–vii).

a   son milieu familial
b   l'école
c   son service militaire
d   Paris dans les années 20
e   le communisme
f   son séjour à la Tourette-sur-Loup
g   la guerre

i   la défense des victimes
ii   le pacifisme
iii   l'amour
iv   l'antimilitarisme
v   la religion
vi   la bourgeoisie
vii   le surréalisme

2 a Lisez ces extraits de l'œuvre de Prévert et identifiez le sujet du poème.

> Notre Père qui êtes aux cieux
> Restez-y
> Et nous nous resterons sur la terre
> Qui est quelquefois si jolie...

A

> Ils m'ont tiré au mauvais sort
> par les pieds
> et m'ont jeté dans la charrette des morts
> des morts tirés des rangs

C

> Des milliers et des milliers d'années
> Ne sauraient suffire
> Pour dire
> La petite seconde d'éternité
> Où tu m'as embrassé
> Où je t'ai embrassée

B

> Et il est parti
> Sous la pluie
> Sans une parole
> Sans me regarder
> Et moi j'ai pris
> Ma tête dans ma main
> Et j'ai pleuré.

D

2 b 💡 Faites des recherches sur un poète de votre choix. Faites un résumé des thèmes d'inspiration du poète et de ce qui l'a influencé. Donnez des citations de ses poèmes pour illustrer votre réponse. (Feuille)

3 🎧 Ecoutez le poème d'Arthur Rimbaud et répondez aux questions.

Arthur Rimbaud

a Où se passe la scène décrite dans le poème?

b Quel temps fait-il?

c Trouvez quatre couleurs mentionnées dans le poème.

d A première vue, que fait le jeune soldat?

e Qu'est-ce qui s'est passé en réalité?

4 💡 Faites une analyse d'un poème de votre choix et faites une présentation orale sur les aspects suivants. (Feuille)

• le contexte
• le sujet
• type de poème / vers / rime
• assonances, allitérations
• personnifications
• comparaison et métaphore
• la conclusion: est-ce que le poème est réussi?

5 Posez ces questions à un/une partenaire qui va parler d'un poème qu'il/elle a étudié.

a Quel est le contexte du poème que tu as choisi?

b Donne quelques renseignements sur le poète – sa vie, ses influences.

c Quel est le sujet du poème?

d Quelles sont les techniques utilisées par le poète?

e Parle-moi de ta réaction personnelle au poème.

🦢 Compétences

Widening vocabulary to give personal reaction

Positive

bon, agréable, amusant, approprié, beau, convaincant, efficace, excellent, exemplaire, habile, intéressant, juste, remarquable, sensible, sentimental, sérieux, simple, supérieur, vrai

Negative

mauvais, abominable, affreux, atroce, catastrophique, débile, déplorable, désastreux, épouvantable, exécrable, incompétent, inefficace, inférieur, insuffisant, insupportable, lamentable, pénible

i Vos enquêtes

Aimé Césaire

You will by now have studied poems by several poets, including Jacques Prévert and Arthur Rimbaud. There are a huge number of poets for you to choose, ranging from the Renaissance (Du Bellay) to the modern poems of Aimé Césaire from Martinique. The best-known poet of the 18th century is André Chénier, but the 19th century is particularly rich, starting with the romanticism of Victor Hugo and Alfred de Vigny, moving on to the naturalist movement of Charles Baudelaire, ending with the symbolism of Stéphane Mallarmé or Paul Verlaine. French poets of the 20th century include Paul Eluard, André Breton, Louis Aragon and Robert Desnos.

i WebQuest

La poésie de la Résistance

Faites des recherches sur la poésie de la Résistance. Ecrivez une composition dans laquelle vous donnez votre point de vue personnel après avoir étudié en profondeur un poème.

E

L'œuvre d'un artiste français
(réalisateur, architecte, musicien ou peintre)

Dans cette section, vous allez étudier les thèmes et les techniques d'un artiste français et le contexte dans lequel il a évolué. Il y a quatre domaines possibles: le cinéma, l'architecture, la musique ou la peinture.

En France, **le cinéma** est souvent désigné comme le septième art. Une étude approfondie d'un film est utile pour l'apprentissage d'une langue: il y a l'aspect linguistique mais aussi le décor, les attitudes, l'ambiance du film.

Le prestige de **l'architecture** française se porte bien au rang mondial. Les architectes français ne réalisent pas seulement des "grands travaux" en France mais partout dans le monde.

En ce qui concerne **la musique**, vous pouvez étudier un compositeur de musique classique ou un musicien contemporain; il existe beaucoup de genres musicaux à travers le monde francophone.

La peinture française est variée. Le mouvement impressionniste du dix-neuvième siècle est toujours populaire, mais les mouvements artistiques plus modernes, comme le cubisme ou l'art abstrait, ont aussi leurs adeptes.

François Truffaut

François Truffaut naît le 6 février 1932 à Paris. Il connaît une enfance solitaire et donc il trouve refuge dans le cinéma. Il manque les cours pour passer ses journées dans les cinémas de Paris.

En 1953, Truffaut fait son entrée aux Cahiers du cinéma. Dans ses articles, il attaque "le cinéma de Papa", cinéma traditionnel français. Il est un des fondateurs de la nouvelle vague. C'est un mouvement qui rompt avec le cinéma classique.

C'est avec *Les Quatre cents coups* en 1958 que Truffaut fait sa marque. L'histoire est autobiographique. Elle raconte la vie d'un jeune adolescent parisien, Antoine Doinel, interprété par Jean-Pierre Léaud. Avec *Fahrenheit 451* (1966), Truffaut fait une incursion dans le monde de la science-fiction. Truffaut y décrit un monde du futur où les livres sont interdits.

Jusqu'en 1982, Truffaut tourne pratiquement un film par année. On peut citer en particulier *L'Enfant sauvage* (1969), dans lequel il joue un rôle principal; *La nuit américaine* (1973), un film sur le cinéma qui a gagné l'Oscar du meilleur film étranger; *L'Histoire d'Adèle H.* (1975) avec Isabelle Adjani dans le rôle de l'une des filles de Victor Hugo; *Le Dernier métro* (1980) avec Catherine Deneuve et Gérard Depardieu et *Vivement dimanche!* (1982), son dernier film.

François Truffaut meurt le 21 octobre 1984. Il laisse une œuvre importante: 21 films en tout. La variété des sujets traités par Truffaut est importante: polar noir, comédie romantique, science-fiction et film historique. Cette diversité thématique est mélangée de deux éléments: une humanité sincère et des sujets autobiographiques.

1 Lisez le texte. Vrai, faux, ou information non donnée?

a Truffaut avait beaucoup d'amis quand il était jeune.

b Il aimait beaucoup l'école.

c Dans ses articles, il critiquait le cinéma classique français.

d Jean-Pierre Léaud avait le même âge que Truffaut.

e Dans *Fahrenheit 451*, on supprime la littérature.

f On ne voit jamais Truffaut dans ses films.

g Il n'a jamais tourné un film historique.

h Son œuvre est très variée.

2 💡 Faites des recherches pour écrire un paragraphe sur un des films suivants. Parlez du contexte, du metteur en scène, des thèmes du film et de la réaction des critiques. Donnez votre avis personnel. (Feuille)

- *Jean de Florette* de Claude Berri
- *Le Boucher* de Claude Chabrol
- *Le Fabuleux Destin d'Amélie Poulain* de Jean-Pierre Jeunet
- *La Haine* de Mathieu Kassovitz
- *Au revoir, les enfants* de Louis Malle

3 🎧 Ecoutez ce reportage sur l'architecte Jean Nouvel. Choisissez les quatre phrases vraies.

a Jean Nouvel a toujours voulu devenir architecte.

b Au début de sa carrière, il a tout de suite travaillé sur de grands projets.

c La façade de l'Institut du monde arabe est bien connue.

d Jean Nouvel a un style qui est typique de lui.

e Dans ses bâtiments, il essaie de créer autant d'espace que possible.

f Il ne s'intéresse pas aux effets de lumière.

g Il travaille souvent sur la rénovation de vieux bâtiments.

h Il ne travaille jamais à l'étranger.

i C'est un architecte dont le travail est souvent original.

4 💡 Faites une description orale d'un bâtiment qui est l'œuvre d'un architecte français que vous avez étudié. Parlez des aspects suivants. (Feuille)

- quelques renseignements sur l'architecte
- l'environnement
- la fonction de la construction
- le style
- le matériel
- la façade
- l'intérieur
- votre avis personnel

5 Posez ces questions à un/une partenaire qui va parler d'un bâtiment qu'il/elle a étudié.

a C'est quel genre de construction?

b Qui en est l'architecte et quand est-ce qu'on l'a construite?

c Quels sont les caractéristiques de cette construction?

d Que penses-tu de l'extérieur?

e Décris l'architecture intérieure et la décoration.

f Quelle a été la réaction initiale des critiques envers la construction?

g Pourquoi est-ce que tu apprécies la construction?

h Quelle a été l'influence de cette construction sur d'autres architectes?

Institut du monde arabe, Paris

🔑 Compétences

Widening vocabulary: using alternatives

Use alternatives to avoid repetition of words in your written work.

The following are very common:

beaucoup de	*des gens*
il y a	*intéressant*
un problème	*un avantage*
un inconvénient	

Match up these alternative expressions to the ones above:

un atout
un grand nombre de
un obstacle   une difficulté
il existe   remarquable
certaines personnes

*Jean Nouvel et
le Louvre Abou Dabi*

ℹ Vos enquêtes

DVD box sets of French films are a good way to explore an overview of the work of a director. If you are interested in the work of film-makers of the *Nouvelle Vague*, the works of Jean-Luc Godard, Claude Chabrol and Louis Malle are readily available. Recent directors of note include Claude Berri, Luc Besson, Jean-Pierre Jeunet and Jean-Hugues Anglade.

If you want to find out more about French architecture, a good place to start is the construction of some recent *grands travaux* in Paris. Architects such as Jean Nouvel, Dominique Perrault and François Grether have all been involved in changing the urban landscape. If you wish to examine architecture from an earlier era, the work of Auguste Perret, Claude Parent or Le Corbusier may be of interest.

Jean-Michel Jarre

Fils de Maurice Jarre, un compositeur de musiques de film (*Lawrence d'Arabie* et *Docteur Jivago*), Jean-Michel Jarre apprend le piano depuis l'âge de cinq ans et reçoit une formation classique au Conservatoire. Il quitte le Conservatoire pour le Groupe de recherches musicales, un groupe créé par Pierre Schaeffer pour des musiciens étudiant les musiques contemporaines et expérimentales. Passionné par la musique électroacoustique, Jean-Michel veut explorer de nouvelles voies et montre beaucoup de talent à la manipulation de magnétophones et de bandes magnétiques.

Jean-Michel Jarre commence à composer pour le cinéma, l'opéra et les variétés sans vraiment attirer beaucoup d'attention. Mais sa carrière commence réellement en 1976 lorsqu'il sort son album *Oxygène*. Les sonorités évoquent des bruits de navettes spatiales et des vagues. Jarre a du succès deux ans plus tard avec *Equinoxe*, un hommage symphonico-électronique aux créatures marines: méduses, dauphins, algues. Juste après, il commence à donner ses premiers concerts monstres dans la planète entière: Pékin, Houston, Lyon, Londres, Moscou.

Jean-Michel Jarre continue à sortir des albums comme *Les Chants magnétiques*, *Révolution*, *Chronologie*, *Métamorphose* et *Aero*. Il a une réputation mondiale et ses spectacles, des concerts multimédias, sont des rendez-vous magiques. Il donne à la musique électronique une dimension populaire depuis plus de 30 ans.

1 Lisez le texte et corrigez les erreurs dans les phrases a–h.

a Le père de Jean-Michel Jarre composait des opéras.

b Jean-Michel a quitté le Conservatoire pour faire des recherches sur la musique classique.

c La musique électroacoustique ne l'intéressait pas tellement.

d Ses premières compositions ont eu beaucoup de succès.

e La musique de son premier album évoque la mer.

f Ses concerts ont lieu devant peu de spectateurs.

g Ses concerts ont lieu en France.

h Il est maintenant moins populaire qu'il y a trente ans.

2 a Classez ces musiciens par ordre chronologique.

- Charles Trenet
- Claude Debussy
- Jean-Philippe Rameau
- Jean-Jacques Goldman
- Georges Bizet
- Jean-Baptiste Lully

b 💡 Choisissez un musicien de la liste et faites des recherches pour écrire sur les aspects suivants. (Feuille)

- l'époque où il a vécu
- le genre de musique qu'il a composée
- son importance et son influence
- son chef-d'œuvre

Orchestre français des jeunes

Monet: Les coquelicots
près de Vétheuil

Renoir: Le Moulin de la Galette

3 🎧 **Ecoutez trois commentaires sur les impressionnistes. Qui parle? Franck, Morgane ou Sylvie?**

a Mon artiste favori a peint beaucoup de figures féminines.

b J'aime les peintures qui représentent des hommes et des femmes.

c Ces peintres ont travaillé surtout à l'extérieur.

d J'aime beaucoup les paysages.

e J'aime les représentations des lacs et des fleuves.

f J'aime les impressionnistes, mais Renoir ne me plaît pas beaucoup.

g Avant les impressionnistes, on a encouragé les peintres à imiter les artistes du passé.

h Ce peintre a influencé d'autres mouvements artistiques.

4 💡 **Faites une analyse de plusieurs mouvements artistiques français pour en faire une présentation orale. Parlez des styles suivants en considérant: l'époque, les peintres français, les techniques et votre opinion sur ce mouvement artistique. (Feuille)**

le pointillisme   **le surréalisme**   **le fauvisme**

le romantisme   **le cubisme**   **le baroque**

5 **Posez ces questions à un/une partenaire qui va parler d'un mouvement artistique qu'il/elle a étudié.**

a Pourquoi as-tu choisi d'étudier ce mouvement?

b Que sais-tu de l'origine du mouvement?

c Parle-moi des techniques caractéristiques du mouvement.

d Quels peintres sont associés à ce style?

e Décris une œuvre bien connue qui représente ce style.

f A ton avis, quelle est l'importance de ce mouvement?

g Est-ce que tu recommanderais ce style? Pourquoi?

🕊 Compétences

Making a personal analysis of a work of art

Premier constat: ce qui me saute aux yeux et pourquoi j'ai choisi cette œuvre.

Inventaire: ce que je remarque et ce que j'en comprends.

Mise en perspective: ce que je sais de l'œuvre – mes connaissances culturelles et le contexte historique.

Mise en forme: une présentation raisonnée des éléments de l'œuvre qui me semblent importants.

Conclusion: pourquoi je recommanderais cette œuvre aux autres.

ℹ Vos enquêtes

You have now studied the work of French artists in a variety of fields and although the focus has been very much on metropolitan France, it is equally valid to study the work of Francophone artists in other parts of the French-speaking world.

The French architect Roland Simounet was born in Algeria and this country greatly influenced his subsequent work. Férid Boughedir is Tunisia's best known film director. The band Kassav' from Guadeloupe and Martinique invented a pan-Caribbean sound by taking elements from reggae and salsa, and became the most famous musicians of *le zouk*. Painters from Ivory Coast (known as *peintres naïfs*) such as Korhogo are said to have greatly influenced Pablo Picasso in the 1930s.

ℹ WebQuest

Les artistes des années 30

Faites des recherches sur des artistes des années trente pour écrire une composition dans laquelle vous donnez votre point de vue personnel sur cette époque.

Grammaire

1 Nouns and articles

1.1 Gender of nouns

Knowing the gender of a French noun is largely a question of careful learning, but there are guidelines to help you. The following general rules apply, but be careful as there are exceptions.

Masculine nouns

Nouns ending in the letter groups listed below are masculine – but note the exceptions.

ending	example	exceptions
-acle	un obstacle	
-age	le courage	la cage, une image, la page, la plage
-al	le total	
-ail	le portail	
-amme	le programme	la gamme
-eau	un oiseau	
-ème	le problème	
-er	le fer	la mer
-et	le billet	
-isme	le tabagisme	
-ment	le commencement	la jument
-oir	le miroir	

Feminine nouns

Nouns ending in the letter groups listed below are feminine – but note the exceptions.

ending	example	exceptions
-ance	la tendance	
-anse	la danse	
-ée	la journée	le lycée, le musée
-ence	la prudence	le silence
-ense	la défense	
-esse	la jeunesse	
-eur	la douceur	le bonheur, le malheur
-ie	la vie	le génie
-ière	la matière	le cimetière
-ise	la valise	
-sion	une expression	
-tié	une amitié	
-té	la santé	le côté, le pâté, le traité, le comité
-tion	la natation	le bastion
-ure	la nature	

Masculine nouns with modified feminine form

The feminine equivalent of many masculine nouns is formed by adding -e:

un commerçant – une commerçante
un Américain – une Américaine

Other patterns for masculine and feminine nouns are listed below.

masc. ending	fem. ending	masculine noun	feminine noun
-eur	-euse	le chanteur	la chanteuse
-eur	-rice	un instituteur	une institutrice
-eau	-elle	le jumeau	la jumelle
-er	-ère	le boulanger	la boulangère
-ien	-ienne	un Italien	une Italienne
-on	-onne	le Breton	la Bretonne
-f	-ve	le veuf	la veuve
-x	-se	un époux	une épouse

Single gender nouns

Some nouns retain the same gender, irrespective of the person described.

Always masculine:

un amateur, un auteur, un bébé, un écrivain, un ingénieur, un médecin, un peintre, un professeur (but un/une prof), un témoin

Always feminine:

une connaissance, une personne, une recrue, une sentinelle, une star, une vedette, une victime

1.2 Plural forms of nouns

The plural of a noun is normally formed by adding -s:

un livre – des livres

Other patterns for singular/plural forms are listed below.

sing. ending	pl. ending	example (sing./pl.)
-al	-aux or -als	animal/animaux bal/bals, festival/festivals
-ail	-aux or -ails	travail/travaux détail/détails
-au, -eau, -eu	add -x	bateau/bateaux, jeu/jeux
-ou	-ous or -oux	trou/trous bijou/bijoux, genou/genoux
-s, -x, -z	no change	fils/fils, voix/voix, gaz/gaz

Learn these special cases:

le ciel – les cieux
un œil – les yeux
le grand-parent – les grands-parents
madame – mesdames
mademoiselle – mesdemoiselles
monsieur – messieurs

1.3 Definite articles: *le, la, l', les* – 'the'

The definite article is usually used in the same way as 'the' in English. However, in French it is often required where 'the' is omitted. Learn these in particular:

1 Before abstract nouns or nouns used to generalise:

L'argent donne la liberté. Money gives freedom.

2 Before names of continents, countries, regions and languages:

La France est le pays d'Europe le plus visité. France is the most visited country in Europe.

Le français n'est pas trop difficile. French is not too difficult.

But the definite article is not required after *en* and *de*, with feminine place names only:

Cette année, nous allons en Normandie.
Elle revient de Norvège.

It is also not required with languages placed immediately after the verb *parler*:

Ici, on parle japonais.

3 Before arts, sciences, school subjects, sports, illnesses:

La physique nous permet de mieux comprendre l'univers. Le sida nous fait bien peur.

4 Before parts of the body:

Pliez les genoux. Il s'est cassé la jambe.

5 Before meals and drinks:

Le petit déjeuner est servi à partir de sept heures.

6 Before fractions:

Les trois quarts de l'électorat sont indifférents.

7 Before titles:

Le président Sarkozy.

1.4 Indefinite articles: *un, une, des* – 'a', 'an', 'some', 'any'

Note that *un/une* is not needed in the following situations:

1 When stating a person's occupation:

Mon père est médecin. My father is **a** doctor.

2 After *quel, comme, en, en tant que, sans, ni*:

Quel frimeur! What a show off!

Je vous parle en tant que professeur.
I'm speaking to you as a teacher.

Tu n'as ni crayon ni stylo?
Haven't you got either a pencil or a pen?

3 In a list:

Etudiants, ouvriers, cadres: tous étaient là.
Students, workers, managers: they were all there.

1.5 Partitive articles: *du, de la, de l', des* – 'some', 'any'

The partitive article means 'some' or 'any' and describes an unspecified quantity.

*Je voudrais **du** beurre, s'il vous plaît.*
I'd like **some** butter, please.

	singular	plural
masculine	du / de l'	des
feminine	de la / de l'	des

All the forms change to *de* in the following situations:

1 After a negative verb (this also applies to the indefinite article *un* and *une*):

*Je joue **du** violon, je ne joue pas **de** piano.*
I play the violin, I don't play the piano.

(But note there is no change after *ne... que*:

*Il ne mange que **du** poisson.* He only eats fish.)

2 In expressions of quantity such as *assez de, trop de*:

*Ça cause trop **de** pollution.*
It causes too much pollution.

3 With plural nouns preceded by an adjective:

*On fait **des** efforts/On fait **de gros** efforts pour...*
We're making great efforts to...

4 In expressions such as:

bordé de, couvert de, entouré de, plein de, rempli de

2 Adjectives and adverbs

2.1 Adjective agreement and position

Adjectives must agree in gender and number with their noun. Usually a masculine singular form needs to add -e for the feminine form, -s for the plural and -es for feminine plural.

masc. sing.	fem. sing.	masc. pl.	fem. pl.
vert	verte	verts	vertes

Adjectives that already end in -e do not need an extra -e in the feminine form: *jeune/jeune*. Those that end in -s or -x do not change in the masculine plural form: *dangereux/dangereux*.

Other patterns for masculine/feminine endings:

masc. sing.	fem. sing.	example
-er	-ère	mensonger/mensongère
-eur	-euse	trompeur/trompeuse
-f	-ve	informatif/informative
-x	-se	dangereux/dangereuse
-l	-lle	nul/nulle
-on	-onne	bon/bonne
-eil	-eille	pareil/pareille
-el	-elle	officiel/officielle
-en	-enne	moyen/moyenne
-et	-ète	inquiet/inquiète
-c	-che *or* que	blanc/blanche, public/publique

Invariable adjectives

Some adjectives never change; in dictionaries these are marked **inv.** for invariable. They include compounds such as *bleu foncé*, *bleu marine*, and colours where a noun is used as an adjective, such as *marron* ('chestnut').

Position of adjectives

Most adjectives <u>follow</u> the noun they describe: *une jupe bleue, une chemise blanche*.

However several common adjectives come <u>before</u> the noun they describe: *le mauvais temps, le premier avril*. These include:

beau	bon	gentil	joli	mauvais	méchant
vilain	grand	gros	haut	petit	vaste
jeune	nouveau	vieux	premier	deuxième	

2.2 Comparatives and superlatives

By adding *plus... que* (more... than), *moins... que* (less... than) or *aussi... que* (as... as) around adjectives, you can compare one thing to another. Each adjective still has to agree with its noun.

*Le taux de chômage est **plus élevé qu**'en Italie.*
The unemployment rate is **higher than** in Italy.

*La vie est **moins difficile qu**'en Pologne.*
Life is **less difficult than** in Poland.

To form superlatives (the most/biggest/best, etc.), use *le/la/les plus/moins* + adjective:

*C'est le problème **le plus difficile**.*
It's **the most difficult** problem.

*Les jeunes sont **les plus concernés**.*
Young people are **the most affected**.

Some useful irregular forms:

bon – meilleur(e)(s) – le/la/les meilleur(e)(s)
good – better – the best

mauvais – pire – le/la/les pire(s)
bad – worse – the worst

2.3 Adverbs and adverbial phrases

Formation

Most adverbs are formed from the feminine form of an adjective plus –*ment*:

franc/franche frank – *franchement* frankly

Adjectives ending in a vowel use the masculine form to form the adverb:

absolu – absolument

Adjectives ending in -ent or -ant use the following pattern:

évident – évidemment, constant – constamment

A number of adverbs end in -*ément*:

profond – profondément, énorme – énormément

Note two irregular forms:

bon – bien
good – well

mauvais – mal
bad – badly

Usage

Adverbs qualify verbs and once they are formed never change (unlike adjectives). Very often an adverb describes how or when an action happens.

Il chante constamment. He sings constantly.

Adverbs usually follow verbs. In a compound tense, they come between the auxiliary and the past participle:

*J'ai **poliment** demandé la permission.*
I asked permission politely.

But many adverbs of time and place follow the past participle:

*Je l'ai vu **hier**.* I saw him yesterday.

Some adverbs are words you already know but may not think of as adverbs.

- Intensifiers and quantifiers, i.e. to show how strongly an adjective applies:
  très, un peu, trop, si, seulement, beaucoup, assez, plus, moins, tellement, presque
- Adverbs of time:
  après, avant, toujours, hier, aujourd'hui, demain, d'abord, enfin, parfois, souvent, tard, tôt
- Adverbs of place:
  ici, là, ailleurs, loin, dessus, dessous, dedans, devant, derrière, partout

Comparatives and superlatives of adverbs

These are formed in the same way as for adjectives:

***moins** souvent **que**...*

***plus** vite **que**...*

***aussi** facilement **que**...*

Note two irregular forms:

bien – mieux – le mieux
well – better – the best

mal – pire / pis – le pis / le pire
badly – worse – the worst

NB. *(le) pis* is rarely used except in the expressions *tant pis* and *ça va de mal en pis*.

*Il parle **bien** allemand mais il parle **mieux** français.*
He speaks German well but French better.

3 Pronouns

3.1 Subject pronouns

singular		plural	
je	*I*	**nous**	*we*
tu	*you*	**vous**	*you (plural or polite)*
il	*he, it*	**ils**	*they (m. or m. & f.)*
elle	*she, it*	**elles**	*they (f.)*
on	*one, we*		

These are the familiar pronouns which are learned with verb forms.

Use *tu* when talking to a child, a person your own age or an adult you know very well such as a member of your family.

Use *vous* when talking to more than one person, a person you don't know or an adult you know but are not on familiar terms with.

Use *on* when talking about people in general and also, in informal speech, for 'we' (instead of *nous*).

When referring to a mixed group of people, remember to use the masculine plural *ils*.

3.2 Object pronouns

An object pronoun replaces a noun that is not the subject 'doing' the verb but is affected by that verb, i.e. is the object. Unlike in English, the pronoun goes before the verb.

A <u>direct</u> object pronoun replaces a noun linked 'directly' to the verb.

*Tu aimes **les haricots**? Je **les** adore!*
Do you like beans? I love **them**!

*S'il y a **un problème**, il faut **le** résoudre.*
If there is a problem, we must solve **it**.

An <u>indirect</u> object pronoun replaces a noun that is linked to the verb by a preposition, usually *à*.

*Je téléphone **à ma mère**. Je **lui** téléphone tous les jours.* I phone **her** every day.

*Je demande **à mes copains** de sortir. Je **leur** demande de jouer au tennis.* I ask **them** to play tennis.

- Verbs that are used with a direct object include:
  attendre to wait for, *chercher* to look for

- Verbs that are used with an indirect object include these (*qn = quelqu'un, qch = quelque chose*):
  demander à qn de faire to ask someone to do
  dire à qn to tell/say to someone
  parler à qn to speak/talk to someone
  promettre à qn de faire to promise someone to do
  téléphoner à qn to telephone someone

● Verbs that can be used with a direct and an indirect object include:
donner qch à qn to give something to someone
envoyer qch à qn to send something to someone

direct object pronouns		indirect object pronouns	
me (m')	*me*	me (m')	*(to) me*
te (t')	*you*	te (t')	*(to) you*
le (l')	*him, it*	lui	*(to) him/it*
la (l')	*her, it*	lui	*(to) her/it*
nous	*us*	nous	*(to) us*
vous	*you*	vous	*(to) you*
les	*them*	leur	*(to) them*

Note that for the first and second persons, (me, you, us, you pl.), the direct and indirect object pronouns are identical: *me, te, nous, vous*.

For the third person (him, her, it, them), the object pronouns are different: *le, la, les* for direct and *lui, leur* for indirect.

Object pronouns also precede verbs in other tenses:
*Je **lui** ai téléphoné hier.* I phoned him/her yesterday.
*Je **vous** dirai tout.* I will tell you everything.
*Elles **nous** invitaient toujours.* They always invited us.

With a negative, the negative expression goes around the pronoun as well as the verb:
*Je **ne lui** ai **pas** téléphoné.* I didn't phone him/her.

If two object pronouns occur together, this is the sequence: *me, te, nous, vous* go before *le, la, les* which go before *lui, leur*.

*Vous **me l'**avez dit.* You told me. (You told it to me.)

*Je **les lui** ai offerts.* I gave them to her.

See 3.6 for order when used with *y* and *en*.

3.3 Disjunctive (or emphatic) pronouns

singular		plural	
moi	*me*	nous	*us*
toi	*you (sing.)*	vous	*you (plural)*
lui	*him*	eux	*them (m. or m. & f.)*
elle	*her*	elles	*them (f.)*
soi	*one, oneself (used with* on*)*		

Disjunctive pronouns, which always refer to people not things, are used:

1 For emphasis:
__Moi__, je ne suis pas d'accord. **I** don't agree.
*C'est **lui** qui devrait céder, pas **elle**.* It's him who should give way, not her.

2 Before *-même(s)*, meaning '-self' or '-selves':
*Il l'a construit **lui-même**.* He built it himself.

3 After prepositions such as *chez, pour, sans, avec*:
*Tu vas rentrer directement chez **toi**?*
Are you going straight back home?
*Chacun pour **soi**!* Each one for himself!
*Ils sont partis avec/sans **nous**.*
They left with/without us.

4 After certain verbs followed by *à* or *de*:
verb + *à*, e.g. *faire attention à, penser à, s'adresser à, s'intéresser à*
*Elle pense toujours **à lui**.*
She's always thinking about him.
*Il faut faire attention **à eux**.*
You have to pay attention to them.
verb + *de*, e.g. *dépendre de, penser de, profiter de, s'approcher de*
*Qu'est-ce qu'elle pense **de moi**?*
What does she think of me?
*Elle s'est approchée **de lui**.* She approached him.

3.4 Relative pronouns

Relative pronouns are words like 'who', 'which' and 'that', used to connect two parts of a sentence.

qui	*who, which, that*
que	*who, whom, which, that*
ce qui	*what, something that*
ce que	*what, something that*
quoi	*what*
où	*where, when*
dont	*of which, whose*
lequel, laquelle,	*which*
lesquels, lesquelles	*which*

1 *Qui* is the most common of these. It represents someone or something that is the subject of the verb that follows:
*Elle s'entend bien avec sa mère, **qui** l'écoute attentivement.* She gets on well with her mother, who listens to her carefully.

2 *Que* represents someone or something that is the object of the verb that follows:
*C'est quelqu'un **que** j'écoute attentivement.*
He/She is someone (whom/that) I listen to carefully.

3 *Qui* is used for 'who' or 'whom' after a preposition:
*La tante **avec qui** il habite...*
The aunt whom/that he lives with...
The relative pronoun can be left out in English – the aunt he lives with – but not in French.

4 *Ce qui* is used for the subject of a verb:
__Ce qui__ est essentiel, c'est... What is essential is...
and *ce que* is used for the object of a verb:
__Ce que__ je préfère, c'est... What I prefer is...

5 *Quoi* is used for 'what' after a preposition such as *de*:

*Je ne sais pas de **quoi** tu parles.*
I don't know what you're talking about.

6 *Où* means 'where' or, after a noun referring to time, 'when':

*La ville **où** j'habite est...* The town where I live is...
*Le jour **où** il est né, on a dit que...*
On the day (when) he was born, they said...

7 *Dont* means 'whose' or 'of which'. It replaces *de + qui*, or *de + lequel* and can refer to people or things.

*Un étudiant **dont** je connais la tante...*
A student whose aunt I know...

*Voilà le magasin **dont** j'ai parlé.*
There's the shop (that) I spoke about.

Dont is used to connect a noun to verbs followed by *de*, such as *avoir besoin de* (to need):

*Voici le livre **dont** il a besoin.* Here's the book he needs. ('the book of which he has need')

Dont is also used with numbers and expressions of quantity:

*Trois étudiants **dont** deux Africains...*
Three students, of whom two are Africans...

8 *Lequel* agrees in gender and number with the noun it refers to. It also changes to combine with the prepositions *à* and *de*.

	à + (= *to which*)	de + (= *of which*)
lequel	auquel	duquel
laquelle	à laquelle	de laquelle
lesquels	auxquels	desquels
lesquelles	auxquelles	desquelles

*Le journal **auquel** je suis abonné coûte cher.*
The journal to which I subscribe is expensive.

*La classe **dans laquelle** elle est étudiante...*
The class that she is a student in / in which she is a student...

3.5 Pronouns *y* and *en*

The pronoun *y* has two main uses:

1 Meaning 'there' or 'to there', replacing a place already mentioned:
*On **y** va?* Shall we go (there)?

2 Replacing a noun (not a person) or a verb introduced by *à*, such as *penser à quelque chose*:
*As-tu pensé aux conséquences? Non, je n'**y** ai pas pensé.*
Have you thought of the consequences? No, I have not thought about them.

The pronoun *en* has two main uses:

1 Meaning 'from there' or 'out of there':
*Il a mis la main dans sa poche et il **en** a sorti un billet de 100 euros.*
He put his hand in his pocket and got out a 100-euro note.

2 Replacing a noun (not a person) or a verb introduced by *de*, such as *empêcher quelqu'un de faire*:
*Marie, que penses-tu de ton cadeau? J'**en** suis ravie.*
Marie, what do you think of your present? I'm delighted with it.
*Pourquoi n'a-t-il pas protesté? Parce que les autorités l'**en** ont empêché.*
Why didn't he protest? Because the authorities prevented him (from protesting).
In this case, *en* often has the sense of 'some', 'any', 'of it', 'about it', 'of them':
*Tu n'as pas de l'argent à me prêter? Si, j'**en** ai.*
Haven't you got any money to lend me? Yes, I have some.

3.6 Order of pronouns

The sequence of pronouns before a verb is as follows:

1	2	3	4	5
me te se nous vous	le la les	lui leur	y	en

*Il **m'en** a parlé. Il ne comprend pas la blague: il faut **la lui** expliquer.*
He has talked **to me about it**. He does not understand the joke: you have to explain **it to him**.

4 Demonstrative adjectives and pronouns

Demonstrative adjectives are the equivalent of 'this', 'that', 'those', 'these' used before a noun.

*Je voudrais **ces** chaussures.* I'd like **these/those** shoes.

	singular	plural
masculine	**ce (cet** before vowel or silent **h)**	ces
feminine	**cette**	ces

To be more precise you can add *-ci* or *-là* after the noun:

Je voudrais ce manteau-ci. I'd like this coat here.

Je voudrais ces bottes-là. I'd like those boots there.

Demonstrative pronouns are similar to the adjectives above but replace the noun, so are the equivalent of 'this one', 'that one', 'these ones', 'those ones'.

	singular	plural
masculine	celui	ceux
feminine	celle	celles

They are often followed by *qui*, *que* or *de*, as in the examples below.

*Il a choisi une voiture – **celle qui** est la plus chère.*
He chose a car – the one that is the most expensive.

*Regardez les modèles, prenez **ceux que** vous préférez.*
Look at the models, take the ones you prefer.

*Ma voiture est rouge mais **celle de** Marc est grise.*
My car is red but Marc's is grey.

They can be used with a preposition:

*Le quartier où je suis né est en banlieue, mais **celui où** j'habite maintenant est dans le centre.*
The area where I was born is in the suburbs, but the one where I live now is in the centre.

You can add *-ci* or *-là* to emphasise that you're referring to 'this one here' or 'those ones there'.

*Je préfère **celles-ci**.* I prefer <u>these</u> ones.

*Quelle voiture? **Celle-ci** ou **celle-là**?*
Which car? This one or that one?

5 Indefinite adjectives and pronouns

These are words like *autre*, *chaque/chacun*, *même*, *plusieurs*, *quelque/quelqu'un*, *tout*.

J'ai choisi l'autre film. J'ai vu les autres.
I chose the other film. I've seen the others.

Chaque semaine, je joue au badminton.
Each week, I play badminton.

Chacun choisit un sport. Each person chooses a sport.

- *Quelque* has a plural form: *quelques semaines, quelques jours*. It is used without an *-s* before numbers, to mean 'about':

  Les quelque 300 mille estivants...
  The 300,000 or so holidaymakers...

- Note the use of *de* + adjective in phrases like *quelque chose d'intéressant, quelqu'un de bien, rien de nouveau*.

6 Possessive adjectives and pronouns

A **possessive adjective** must agree with its noun.

***Mon** père m'énerve. **Ma** mère est trop stricte.*
My father annoys me. My mother is too strict.

	masculine	feminine	masc. & fem. plural
my	mon	ma	mes
your	ton	ta	tes
his, her, its, one's	son	sa	ses
our	notre	notre	nos
your	votre	votre	vos
their	leur	leur	leurs

Possessive pronouns incorporate a definite article (a word for 'the') – see table below.

	masc. sing.	fem. sing.	masc. pl.	fem. pl.
mine	le mien	la mienne	les miens	les miennes
yours	le tien	la tienne	les tiens	les tiennes
his, hers, one's	le sien	la sienne	les siens	les siennes
ours	le nôtre	la nôtre	les nôtres	les nôtres
yours	le vôtre	la vôtre	les vôtres	les vôtres
theirs	le leur	la leur	les leurs	les leurs

*C'est votre sac, madame? Oui, c'est **le mien**.*
Is this your bag, madam? Yes, it's mine.

Another way to express possession, with *être*, is to use *à* + name, *à* + disjunctive pronoun, or *à* + *qui*:

*C'est **à Patrick**?* Is this Patrick's?

*C'est **à toi**? Non, c'est **à elles**.*
Is this yours? No, it's theirs (fem.).

*C'est **à qui** ce sac?* Whose is this bag?

7 Verbs

7.1 The present tense

There is only one form of the present tense in French but it has various meanings in English:

Il cherche une émission.
He <u>is looking for</u> a programme.

Il cherche en ligne?
<u>Does he look</u> on line?

Non, il cherche dans le journal.
No, <u>he looks</u> in the newspaper.

Also (see 7.26):

Il cherche depuis une heure.
<u>He's been looking</u> for an hour.

Regular verbs

Many verbs fall into three main groups or 'conjugations' according to whether their infinitive ends in *-er*, *-ir* or *-re*. You find the present tense stem by removing the two-letter ending, and then add the regular endings shown in bold in the table below.

	-er: jouer	-ir: finir	-re: attendre
je/j'	jou**e**	fin**is**	attend**s**
tu	jou**es**	fin**is**	attend**s**
il/elle/on	jou**e**	fin**it**	attend
nous	jou**ons**	fin**issons**	attend**ons**
vous	jou**ez**	fin**issez**	attend**ez**
ils/elles	jou**ent**	fin**issent**	attend**ent**

Irregular verbs

Some key verbs are irregular in the present tense; you need to learn these patterns by heart.

avoir (*to have*)	j'ai, tu as, il a, nous avons, vous avez, ils ont
être (*to be*)	je suis, tu es, il est, nous sommes, vous êtes, ils sont
aller (*to go*)	je vais, tu vas, il va, nous allons, vous allez, ils vont
venir (*to come*)	je viens, tu viens, il vient, nous venons, vous venez, ils viennent
tenir (*to hold*)	je tiens, tu tiens, il tient, nous tenons, vous tenez, ils tiennent
faire (*to do/make*)	je fais, tu fais, il fait, nous faisons, vous faites, ils font
prendre (*to take*)	je prends, tu prends, il prend, nous prenons, vous prenez, ils prennent
dormir (*to sleep*)	je dors, tu dors, il dort, nous dormons, vous dormez, ils dorment

dire (*to say*)	je dis, tu dis, il dit, nous disons, vous dites, ils disent
écrire (*to write*)	j'écris, tu écris, il écrit, nous écrivons, vous écrivez, ils écrivent
lire (*to read*)	je lis, tu lis, il lit, nous lisons, vous lisez, ils lisent
mettre (*to put*)	je mets, tu mets, il met, nous mettons, vous mettez, ils mettent
recevoir (*to receive*)	je reçois, tu reçois, il reçoit, nous recevons, vous recevez, ils reçoivent
voir (*to see*)	je vois, tu vois, il voit, nous voyons, vous voyez, ils voient
connaître (*to know*)	je connais, tu connais, il connaît, nous connaissons, vous connaissez, ils connaissent
jeter (*to throw*)	je jette, tu jettes, il jette nous jetons, vous jetez, ils jettent

Modal verbs

	pouvoir (*can/to be able to*)	devoir (*must/to have to*)	vouloir (*to want to*)	savoir (*to know how to*)
je	peux	dois	veux	sais
tu	peux	dois	veux	sais
il/elle/on	peut	doit	veut	sait
nous	pouvons	devons	voulons	savons
vous	pouvez	devez	voulez	savez
ils/elles	peuvent	doivent	veulent	savent

When modal verbs are followed by another verb, the latter is in the infinitive:

On doit accepter… We have to accept…
Tu peux regarder… You can watch…
Ils savent nager. They know how to swim.

7.2 The perfect tense

Use the perfect tense to express completed actions in the past, e.g. 'I played' or 'I have played'.

To form the perfect tense you need two parts: an auxiliary (a present tense form of *avoir* or *être*) and a past participle. Past participles are explained in 7.3.

Verbs which take *avoir*

Most verbs use the present tense of *avoir* (*j'ai, tu as, il a, nous avons, vous avez, ils ont*) to form the perfect tense.

*La délinquance **a diminué**.* Crime has diminished.

*Ils **ont résolu** le problème.* They solved the problem.

*Nous **avons pris** le train.* We took the train.

Verbs which take *être*

Some common verbs use the present tense of *être* to form the perfect tense instead (*je suis, tu es, il est, nous sommes, vous êtes, ils sont*).

Je suis allé en ville. I went to town.

Il est né en 1890. He was born in 1890.

You need to memorise which verbs take *être*; they are connected with movement or a change of state, and it can help to learn them in pairs as in the table below.

aller	*to go*	venir	*to come*
arriver	*to arrive*	partir	*to leave*
entrer	*to enter, to go in*	sortir	*to go out*
monter	*to go up*	descendre	*to go down*
naître	*to be born*	mourir	*to die*
retourner	*to return*	rentrer	*to go home*
rester	*to stay*	tomber	*to fall*
devenir	*to become*	revenir	*to come back*

Also all **reflexive verbs** form the perfect tense with *être*.

Je me suis peu intéressé aux études. I wasn't very interested in studying.

Ils se sont intégrés facilement. They fitted in easily.

With all these *être* verbs, the past participle must agree with the subject of the verb, adding a final *-e* for a feminine subject, *-s* for plural, *-es* for feminine plural.

Les inégalités sont devenues plus évidentes. The inequalities have become more obvious.

je suis parti/partie	nous sommes partis/ parties
tu es parti/partie	
il est parti	vous êtes parti/partie/ partis/parties
elle est partie	
on est parti/partie/partis/ parties	ils sont partis
	elles sont parties

7.3 The past participle

The past participle is a key element of compound tenses such as the perfect tense (see 7.2), the pluperfect (7.8), the future perfect (7.9) and the perfect infinitive (7.24).

For regular verbs it is formed as follows:

-er verbs – **é**	-ir verbs – **i**	-re verbs – **u**
trouver – **trouvé**	finir – **fini**	vendre – **vendu**

Some past participles are irregular and need to be learned:

English	infinitive	past participle
to have	avoir	**eu**
to drink	boire	**bu**
to know	connaître	**connu**
to run	courir	**couru**
to have to	devoir	**dû**
to say	dire	**dit**
to write	écrire	**écrit**
to be	être	**été**
to do	faire	**fait**
to read	lire	**lu**
to put	mettre	**mis**
to die	mourir	**mort**
to be born	naître	**né**
to open	ouvrir	**ouvert**
to be able	pouvoir	**pu**
to take	prendre	**pris**
to receive	recevoir	**reçu**
to know how to	savoir	**su**
to come	venir	**venu**
to live	vivre	**vécu**
to see	voir	**vu**
to want	vouloir	**voulu**

Past participles have an additional final *-e*, *-s* or *-es* to agree with the subject when *être* is the auxiliary used to form the perfect tense.

When *avoir* is the auxiliary, normally the past participle does not change... unless there is a direct object which comes before the verb. When this happens in the sentence, the past participle has to agree with the object (called a 'preceding direct object').

In the sentence below, *la Convention* is the direct object, represented by the pronoun *l'* which comes before the perfect tense of *signer*:

On a élaboré la Convention de Genève et aujourd'hui près de 150 Etats l'ont signée.
The Geneva Convention was drawn up and today nearly 150 states have signed it.

The past participle *signé* needs to be feminine, *signée*. (Note that *élaboré* does not need the feminine ending! It has a direct object, but not a <u>preceding</u> direct object.)

Another example:

Où sont mes chaussures? Je les ai mises dans ta chambre.
Where are my shoes? I put them in your bedroom.

Les is a direct object pronoun standing for *les chaussures* which are feminine plural, so the past participle has to agree. (Note that in this case the ending affects pronunciation: *mis* has a silent *s*, but *mise/mises* ends with a *z* sound.)

7.4 The imperfect tense

The imperfect tense is used for:

- a general description in the past, to translate 'she felt sad' or 'it was good'.
- a continuous or interrupted action in the past, to say 'I was watching TV (when…)'
- a repeated or habitual action in the past, e.g. 'I used to play netball' or 'I would play netball'.

See below (1–5) for other uses.

To form the imperfect tense, take the stem, which is the *nous* form of the present tense without the *-ons*, and add the endings shown in the table below.

avoir: nous avons ⟶ **av-**
faire: nous faisons ⟶ **fais-**
finir: nous finissons ⟶ **finiss-**
attendre: nous attendons ⟶ **attend-**
Exception: *être* ⟶ **ét-**

	endings	example: faire
je	-ais	je faisais
tu	-ais	tu faisais
il/elle/on	-ait	il/elle/on faisait
nous	-ions	nous faisions
vous	-iez	vous faisiez
ils/elles	-aient	ils/elles faisaient

Further uses of the imperfect tense

1 The imperfect of *être en train de* + infinitive:

J'étais en train de me lever quand on a sonné à la porte.
I was just (in the middle of) getting up when the bell rang.

2 With *depuis*, meaning 'had been doing' (see 7.26):

Ils attendaient depuis une heure quand le train est arrivé.
They had been waiting for an hour when the train arrived.

3 The imperfect of *venir de* + infinitive to say 'had just done' (see 7.26):

Nous venions d'arriver lorsqu'il a cessé de pleuvoir.
We had just arrived when it stopped raining.

4 After *si* when the main verb is in the conditional:

Si j'avais assez d'argent, je passerais mes vacances au Sénégal.
If I had enough money, I would spend my holidays in Senegal.

5 After *si* when making a suggestion:

Si on sortait ce soir?
What if we went out this evening?

7.5 The immediate future

Use the immediate future to talk about the near future: to say something 'is going to' happen.

Je vais télécharger cette chanson.
I'm going to download this song.

It is made up of two parts: the present tense of *aller* (*je vais, tu vas, il va, nous allons, vous allez, ils vont*) and an infinitive.

7.6 The future tense

Use the future tense to make predictions and statements about the future: to say something 'will' happen.

Ce projet entraînera des problèmes.
This project will bring problems.

On finira par comprendre.
We will end up understanding.

Les Américains feront beaucoup.
The Americans will do a lot.

On devra continuer la production.
We will have to continue production.

Most verbs have a regular future tense. The future endings are the same for all three regular groups, and are added to the stem which is the same as the infinitive (for *-re* verbs remove the final *e* first).

	endings	regarder	choisir	répondre
je	-ai	regarderai	choisirai	répondrai
tu	-as	regarderas	choisiras	répondras
il/elle/on	-a	regardera	choisira	répondra
nous	-ons	regarderons	choisirons	répondrons
vous	-ez	regarderez	choisirez	répondrez
ils/elles	-ont	regarderont	choisiront	répondront

Irregular verbs

Some key verbs have an irregular future stem, so you need to learn these, but the endings are still regular.

aller	ir-	j'irai
avoir	aur-	j'aurai
devoir	devr-	je devrai
envoyer	enverr-	j'enverrai
être	ser-	je serai
faire	fer-	je ferai
pouvoir	pourr-	je pourrai
savoir	saur-	je saurai
venir	viendr-	je viendrai
voir	verr-	je verrai
vouloir	voudr-	je voudrai
falloir	faudr-	(il) faudra

7.7 The conditional

Use the conditional (strictly speaking, a 'mood' not a 'tense') to convey 'would', 'could' or 'should', i.e. to talk about what would happen or how something would be.

*Quel message **laisseriez**-vous?*
What message **would** you **leave**?

*Ce **serait** triste si tout le monde se ressemblait.*
It **would be** sad if we were all the same.

The conditional is also used (e.g. in journalism) to allege an unproven statement:
*Les Roms **seraient** entre deux et trois mille.*
There are said to be between two and three thousand Gypsies.

To form it, start with the future tense stem (see 7.6), and add the conditional endings, which are identical to the imperfect endings (see 7.4).

	endings	regarder	choisir	répondre
je	**-ais**	regarderais	choisirais	répondrais
tu	**-ais**	regarderais	choisirais	répondrais
il/elle/on	**-ait**	regarderait	choisirait	répondrait
nous	**-ions**	regarderions	choisirions	répondrions
vous	**-iez**	regarderiez	choisiriez	répondriez
ils/elles	**-aient**	regarderaient	choisiraient	répondraient

Because the conditional uses the same stem as the future tense, the irregular stems are exactly the same as for the future – see list in 7.6.

Modal verbs

The conditional forms of modal verbs are particularly useful and worth learning.

Devoir in the conditional + infinitive = should/ought to do
*On **devrait** trier les déchets.*
We should sort our refuse.

Pouvoir in the conditional + infinitive = could/might do
*Vous **pourriez** faire un don.*
You could make a donation.

Vouloir in the conditional + infinitive = would like to do
***Voudriez**-vous nous aider?*
Would you like to help us?

Il faut becomes *il faudrait* in the conditional = it should be necessary, we should do
*Il **faudrait** réduire nos besoins.*
We would have to reduce our needs.

Il vaut becomes *il vaudrait* =
it would be worth, it would be better to
*Il **vaudrait** mieux résoudre ce problème.*
It would be better to solve this problem.

7.8 The pluperfect tense

As in English, the pluperfect is a compound tense used to talk about what 'had happened'.

*Il a dit qu'il **avait commencé** à jouer au handball à l'école.*
He said that he **had started** to play handball at school.

*Elle a expliqué qu'elle **était arrivée** trop tard.*
She explained that she **had arrived** too late.

The pluperfect is made up of two parts: the imperfect of *avoir* or *être* and a past participle. Past participles are explained in 7.3. As with the perfect tense, with *être* verbs, the past participle must agree with the subject.

avoir verbs e.g. faire	être verbs e.g. aller
j'avais fait	j'étais allé(e)
tu avais fait	tu étais allé(e)
il/elle/on avait fait	il/elle/on était allé(e)(s)
nous avions fait	nous étions allé(e)s
vous aviez fait	vous étiez allé(e)(s)
ils/elles avaient fait	ils/elles étaient allé(e)s

7.9 The future perfect tense

The future perfect expresses what 'will have happened' before another event or by a certain time in the future. It is formed from the future of *avoir* or *être* and a past participle.

*Dans une semaine, j'**aurai déposé** mes papiers.*
In a week, I **will have handed in** my papers.

*Demain, à cette heure, mon frère **sera arrivé**.*
By this time tomorrow, my brother **will have arrived**.

It is used after expressions such as *quand, dès que, après que, une fois que, aussitôt que, lorsque* when the verb in the main clause is in the future. (NB. This is different from English: see the first example below, where the English is not 'he will have arrived'.)

*Il m'appellera dès qu'il **sera arrivé**.*
He will phone me as soon as he **has arrived**.

It can express a supposition or a threat:

*Il **aura** encore **oublié**.* He'll have forgotten again.

*Tu l'**auras cherché**!*
You will have earned it!/It'll be your fault!

avoir verbs e.g. perdre	être verbs e.g. partir
j'aurai perdu *I will have lost*	je serai parti(e) *I will have left*
tu auras perdu	tu seras parti(e)
il/elle/on aura perdu	il/elle/on sera parti(e)(s)
nous aurons perdu	nous serons parti(e)s
vous aurez perdu	vous serez parti(e)(s)
ils/elles auront perdu	ils/elles seront parti(e)s

7.10 The conditional perfect

The conditional perfect expresses what 'would have happened'. It is formed from the <u>conditional</u> of *avoir* or *être* and a past participle.

*Il **aurait travaillé** un peu plus, si...*
He **would have worked** a bit more, if...

*Mathieu n'**aurait** pas **partagé** sa fortune, parce que...*
Mathieu would**n't have shared** his fortune, because...

*Il ne **serait** pas **devenu** footballeur professionnel.*
He would**n't have become** a professional footballer.

With *être*, remember to make the past participle agree with the subject, as in the perfect tense:

*A ce moment-là **elle** serait parti**e**.*
She would have left by then.

Note the useful conditional perfect forms of *devoir* and *pouvoir*, which express that something 'should have happened' and 'could have happened':

*Elle **aurait dû** partir plus tôt.*
She **should have** left earlier.

*Les immigrés **auraient pu** faire leur demande avant.*
The immigrants **could have** made their request before.

When there is an 'if' clause as well as a main clause in the conditional perfect, the 'if' clause is in the <u>pluperfect</u> tense, as in English:

*Il ne **serait** pas **devenu** footballeur s'il n'<u>avait</u> pas <u>eu</u> la chance d'être sportif.*
He would**n't have become** a footballer, if he <u>hadn</u>'t <u>had</u> the luck to be a sportsman.

avoir verbs e.g. perdre	être verbs e.g. partir
j'aurais perdu	je serais parti(e)
I would have lost	*I would have left*
tu aurais perdu	tu serais parti(e)
il/elle/on aurait perdu	il/elle/on serait parti(e)(s)
nous aurions perdu	nous serions parti(e)s
vous auriez perdu	vous seriez parti(e)(s)
ils/elles auraient perdu	ils/elles seraient parti(e)s

7.11 The past historic

The past historic (*le passé simple*) is the literary equivalent of the perfect tense. It is used only in <u>formal</u> writing (e.g. historical writing, novels and newspaper articles). You will hardly ever need to use it yourself, but it is important to be able to recognise and understand it.

*Le conflit algérien **provoqua** une crise morale.*
The Algerian conflict provoked a moral crisis.

*Il **reçut** une lettre.* He received a letter.

*La réputation de la France **souffrit**.*
France's reputation suffered.

All *-er* verbs (including *aller*) follow the pattern shown for *regarder* in the table. Regular *-ir* and *-re* verbs have the endings shown for *répondre*. Many irregular verbs have the endings shown for *recevoir*.

	regarder	répondre	recevoir
je	regard**ai**	répond**is**	reç**us**
tu	regard**as**	répond**is**	reç**us**
il/elle/on	regard**a**	répond**it**	reç**ut**
nous	regard**âmes**	répond**îmes**	reç**ûmes**
vous	regard**âtes**	répond**îtes**	reç**ûtes**
ils/elles	regard**èrent**	répond**irent**	reç**urent**

Note these irregular verbs:

avoir	j'eus, il eut, ils eurent
être	je fus, il fut, ils furent
faire	je fis, il fit, ils firent
voir	je vis, il vit, ils virent
venir	je vins, il vint, ils vinrent

7.12 The subjunctive mood

The subjunctive and indicative parts of the verb are known as <u>moods</u> of the verb, not tenses; they convey the speaker's attitude to the action described.

The subjunctive is nearly always used in a subordinate clause, i.e. the second part of a sentence, introduced by *que*. It is used when statements are not to be taken as pure fact, but more as a matter of judgement or attitude.

1 It is used after conjunctions including these:
avant que before
après que after
bien que although
quoique although
afin que so that
pour que so that
de façon que in such a way that
sans que without

*... **avant qu'il** ne **soit** trop tard.*
... before it is too late. (Formal French adds *ne*.)

*Il faut transformer les véhicules **pour qu'ils soient** moins gourmands en énergie.*
We have to transform vehicles so that they consume less energy.

2 It is used after impersonal verbs including these:
il faut que
il est nécessaire/impératif/essentiel que

*Il est important **que nous changions** nos véhicules...* It's important that we change our vehicles...

3 It is used after expressions of wish, doubt, fear, uncertainty, regret:

je veux que

je voudrais que

je ne pense pas que

pensez-vous que… ?

on craint que

il est possible que

il se peut que

je regrette que

je suis désolé(e) que

j'ai honte que

Je ne pense pas **que cela soit** *possible.*
I don't think that is possible.

NB. It is <u>not</u> used after expressions of probability (where there is little doubt), so the following require a verb in the indicative ('normal' not subjunctive): *il est probable que, il est certain que, il me paraît que, il me semble que.*

4 It is used after words with a sense of the superlative, followed by *qui* or *que*:

le seul, l'unique, le premier, le dernier, le meilleur

C'est **la seule** *espèce* **qui puisse** *résister.*
It's the only species that can resist.

7.13 The present subjunctive

For most regular verbs, the present subjunctive is formed from the stem – the *ils/elles* form of the present tense minus the final -ent – plus the endings -e, -es, -e, -ions, -iez, -ent.

Example: *finir*
present tense: *ils finissent*
stem *finiss-*
present subjunctive: *je finisse, tu finisses, il finisse, nous finissions, vous finissiez, ils finissent*

Note that the *nous* and *vous* forms are the same as the imperfect (indicative) tense.

Irregular forms worth learning:

aller	aille, ailles, aille, allions, alliez, aillent
avoir	aie, aies, ait, ayons, ayez, aient
être	sois, sois, soit, soyons, soyez, soient
faire	fasse, fasses, fasse, fassions, fassiez, fassent
falloir	il faille
pouvoir	puisse, puisses, puisse, puissions, puissiez, puissent
savoir	sache, saches, sache, sachions, sachiez, sachent
vouloir	veuille, veuilles, veuille, voulions, vouliez, veuillent

7.14 The perfect subjunctive

In sentences that need the subjunctive, it may be necessary to use the perfect subjunctive, not the present subjunctive. This is when it expresses something that happened in the past, before the verb in the main clause. The perfect subjunctive is formed from *avoir* or *être* in the subjunctive and a past participle.

Bien qu'elle **ait perdu** *15 kilos,…*
Although she has lost 15 kg,…

Je suis désolé que mon fils **ait agressé** *ce garçon.*
I'm sorry that my son attacked this boy.

Cette production est la meilleure que je **aie** *jamais* **vue**. This production is the best I've ever seen.

*Il se peut qu'***elle soit** *déjà* **partie**.
It's possible that she has already left.

Je regrette que cet incident **se soit passé**.
I'm sorry this incident has taken place.

avoir verbs e.g. voir	être verbs e.g. aller
j'aie vu	je sois allé(e)
tu aies vu	tu sois allé(e)
il/elle/on ait vu	il/elle/on soit allé(e)(s)
nous ayons vu	nous soyons allé(e)s
vous ayez vu	vous soyez allé(e)(s)
ils/elles aient vu	ils/elles soient allé(e)s

7.15 The imperfect subjunctive

This is used in literature and formal writing; you need to be able to recognise and understand it. It is formed by adding the endings shown in the table below to the stem; the stem is the *il/elle* part of the past historic (see 7.11), without any final *t*.

	endings	example: parler (il parla)	example: finir (il finit)
je	-sse	je parlasse	je finisse
tu	-sses	tu parlasses	tu finisses
il/elle/on	-^t	il/elle/on parlât	il/elle/on finît
nous	-ssions	nous parlassions	nous finissions
vous	-ssiez	vous parlassiez	vous finissiez
ils/elles	-ssent	ils/elles parlassent	ils/elles finissent

7.16 The passive voice

The passive voice describes an event without necessarily mentioning who is responsible for it: I <u>was attacked</u>; that car <u>has been sold</u>; the building <u>had been closed</u>. (To specify who or what the action has been done by, add *par...* as in some of the examples below.)

They contrast with verbs in the <u>active</u> voice, where the subject carries out the action in the verb: I <u>attacked</u> the task; they <u>have sold</u> that car; someone <u>had closed</u> the building.

Use an appropriate form of *être* plus a past participle (see 7.3) which must agree with the subject. *Etre* can be in any tense; see the underlined words in the examples.

- present: *Les océans **sont pollués** par les accidents de pétroliers.* The oceans are polluted by oil tanker accidents.

- perfect: *La récolte **a été détruite**.* The harvest has been destroyed.

- imperfect: *Il **était** toujours **surpris** par les chiffres.* He was always surprised by the figures.

- pluperfect: *Des candidats **avaient été exclus**.* Candidates had been excluded.

- future: *Des coopérations **seront** organisées.* Joint operations will be organised.

Avoiding the passive

The passive is used less often in French than in English. It's usually better to avoid it in French, and use instead an expression with *on* or a reflexive verb.

***On** m'a agressé(e).* I was attacked.

***On** avait exclu des candidats.*
Candidates had been excluded.

*Les produits **se vendent** sur Internet.*
The products are sold on the internet.

Note that, in particular, the passive cannot be used to translate English phrases such as 'I was asked...' and 'they were given...' In French these would need to be reworded to use *on*:

On m'a demandé... On leur a offert...

7.17 The imperative

The imperative is used to give instructions and commands. They are positive ('do...') or negative ('don't...'). They can be informal (*tu* form) or formal (*vous* form), or a suggestion (*nous* form).

All you have to do is remove the subject pronoun from the <u>present</u> tense. With *-er* verbs, for the *tu* form, remove the final *s*.

present tense	imperative
-er verbs	
tu regardes	**Regarde** la télé. *Watch TV.*
nous regardons	**Regardons** le film. *Let's watch the film.*
vous regardez	**Regardez** les spots. *Watch the ads.*
-ir verbs	
tu choisis	**Choisis** un produit. *Choose a product.*
nous choisissons	**Choisissons** un cadeau. *Let's choose a gift.*
vous choisissez	**Choisissez** une émission. *Choose a programme.*
-re verbs	
tu prends	**Prends** une photo. *Take a photo.*
nous prenons	**Prenons** une glace. *Let's have an ice cream.*
vous prenez	**Prenez** de l'argent. *Take some money.*

A few verbs have irregular imperatives and need to be learned separately.

avoir	aie, ayons, ayez
être	sois, soyons, soyez
savoir	sache, sachons, sachez
vouloir	veuille, veuillons, veuillez

The *tu* form of *aller* is *va*, except in the expression *vas-y!* (go on!) where the *s* is pronounced like a *z*.

Reflexive verbs always require the extra reflexive pronoun, placed after the verb:

se dépêcher to hurry (up)
dépêche-toi, dépêchons-nous, dépêchez-vous

7.18 Present participles

The present participle can by used by itself, at the beginning of a sentence, to express the idea of 'because' or 'since':

***Croyant** qu'il s'était trompé de chemin, il a fait demi-tour.* Thinking that he'd taken the wrong route, he turned round.

It can also be used after the preposition *en*:

*... **en faisant** éclater les frontières culturelles*
... while breaking down cultural barriers

***En se connectant**, on peut accéder à tout.*
By going online, you can access everything.

It is formed from the *nous* form of the present tense, changing the *-ons* to *-ant*.

faire ⟶ *nous faisons* ⟶ *en faisant*

connecter ⟶ *nous connectons* ⟶ *en connectant*

For reflexive verbs, use a reflexive pronoun appropriate to the context: *en me connectant, je peux...*

7.19 Direct and indirect speech

Direct speech is used for the actual words being said; they often appear within speech marks.

Il a dit: « Il y a des problèmes de logement. »
He said: 'There are housing problems.'

Indirect speech is when someone's words are reported by the speaker or someone else.

Il a dit qu'il y avait des problèmes de logement.
He said there were housing problems.

Verb tenses have to change when you use **indirect speech** – see examples in the grid below.

direct speech	indirect speech
Je **suis** paresseux. *present*	Il a dit qu'il **était** paresseux. *imperfect*
Je **ferai** plus attention la prochaine fois. *future*	Il a dit qu'il **ferait** plus attention la prochaine fois. *conditional*
J'**ai commencé** à jouer à l'école. *perfect*	Il a dit qu'il **avait commencé** à l'école. *pluperfect*
Demain, j'**aurai préparé** mes affaires. *future perfect*	Il a dit que le lendemain, il **aurait préparé** ses affaires. *conditional perfect*

Pronouns and possessive adjectives may also need to change, from first to third person: *je* becomes *il* or *elle*, *mes affaires* becomes *ses affaires*, and so on.

In text containing **direct speech**, the verb and subject are inverted after the words spoken, so *il a dit* becomes *a-t-il dit* or *a dit + nom*. (See page 121.)

« J'ai appris à jouer à l'âge de onze ans », a dit le prof.

« J'en suis devenue accro », a-t-elle dit.

7.20 Reflexive verbs

Reflexive verbs are conjugated in the same way as other verbs, but have a reflexive pronoun between subject and verb: *me, te, se, nous, vous, se.*

*Je **m'intéresse** à la communication.*
I'm interested in communicating.

s'intéresser *to be interested*	
je **m'**intéresse	nous **nous** intéressons
tu **t'**intéresses	vous **vous** intéressez
il/elle/on **s'**intéresse	ils/elles **s'**intéressent

In the perfect tense, reflexive verbs take *être* and the past participle agrees with the subject:

*On s'est bien entendu**s**/entendu**es**.*
We (masc./fem.) got on well.

The infinitive usually begins with **se** or **s'**, but when it is used in a sentence the pronoun changes to agree with the subject of the main verb:

*Je voudrais **me doucher**.* I'd like to have a shower.

In a positive command, the reflexive pronoun is attached to the end of the imperative:

*Asseyez-**vous**!* Sit down!

But in a negative command, the reflexive pronoun stays in its usual place in front of the verb:

*Ne **vous** asseyez pas!* Don't sit down!

7.21 Impersonal verbs

As well as *il y a* (there is/are) and *il reste* (there's... left), there are other impersonal verbs used only in the *il* form, the third person singular.

il est trois heures, il pleut, il fait mauvais – and other time and weather phrases

il faut... it is necessary to...

il vaut mieux... it's worth...

il est + adjectif (*clair/important/essentiel*, etc.) *+ de/que*

They can be used in other tenses:

*Il **y aura** plus de prisons engorgées.*

*Il **était évident que** le taux de criminalité avait chuté.*

7.22 Infinitive constructions

You often need to use the infinitive form of a verb, particularly when it follows another verb or a preposition. The lists below give some instances.

Verbs followed by the infinitive with no preposition between

aimer	to like to
croire	to believe
devoir	to have to
espérer	to hope
faire	to make, to do
falloir	to be necessary
laisser	to let
oser	to dare
penser	to think
pouvoir	to be able
préférer	to prefer
savoir	to know how to
vouloir	to want to

*J'espère **finir** bientôt.* I hope to finish soon.

*Il **faut comprendre** que...*
You have to understand that...

*On **peut faire** de la publicité en ligne.*
You can advertise on line.

Verbs followed by à + infinitive

aider à	to help to
apprendre à	to learn to
arriver à	to manage to
chercher à	to try to
commencer à	to begin to
continuer à	to continue to
encourager à	to encourage to
hésiter à	to hesitate to
penser à	to think of
réussir à	to succeed in

On **commence à prendre** conscience du déclin.
We're beginning to take note of the decline.

Verbs followed by de + infinitive

accepter de	to agree to
s'arrêter de	to stop
avoir envie de	to feel like
avoir le droit de	to have the right to
avoir peur de	to be afraid to
cesser de	to stop
choisir de	to choose
décider de	to decide
empêcher de	to prevent
essayer de	to try
éviter de	to avoid
finir de	to finish
oublier de	to forget
refuser de	to refuse
rêver de	to dream of
risquer de	to be likely to
venir de	to have just

J'ai **décidé de cesser de fumer** l'année dernière.
I decided to stop smoking last year.

Prepositions + infinitive

au lieu de	instead of
afin de	so as to
avant de	before
par	by
pour	in order to
sans	without
sur le point de	about to

afin d'apaiser les banlieues... in order to appease the suburbs...
sans compter le coût... without counting the cost...

7.23 Dependent infinitives

Faire + infinitive indicates that the subject 'causes' an action to be done by someone or something else. Compare the following examples:

Je répare la douche. I'm repairing the shower (myself).

Je fais réparer la douche. I'm getting the shower repaired, i.e. I'm getting someone round to repair the shower.

Faire may be used in any tense, for example:

Je vais faire réparer la douche.
I'm going to get the shower repaired.

J'ai fait réparer la douche.
I've had the shower repaired.

Other examples:

faire construire to have something built

faire penser: *Cela me fait penser à...*
That makes me think of...

faire comprendre: *Cela nous a fait comprendre que...*
It has made us understand that...

se faire + infinitive
This indicates that the subject gets something done to or for himself/herself.

se faire embaucher: *Il s'est fait embaucher dans une usine.*
He got a job/got himself employed in a factory.

se faire renvoyer: *Je me suis fait renvoyer.*
I got myself sacked.

se faire faire: *Je me suis fait faire un petit potager.*
I had a little vegetable garden made for me.

7.24 Perfect infinitives

The perfect infinitive is used after *après* to convey 'after doing' or 'after having done' something. (The French structure is more like 'after to have done...'.) Use the infinitive of *avoir* or *être* and a past participle. The normal rules about past participle agreement apply.

*Après **avoir réfléchi**, je pars quand même.*
After reflecting, I'm leaving all the same.

*Après **être arrivée**, elle a défait ses valises.*
After arriving, she unpacked her cases.

*Après **avoir eu** des problèmes avec les agences, je veux voyager à ma guise.* Having had problems with travel agencies, I like to travel under my own steam.

7.25 Negatives

To say you don't do something, simply put *ne* before the verb (or in a compound tense, before the auxiliary verb) and *pas* after it.

*Je **ne** fais **pas** de sport.* I don't do any sport.

*Je **n'**ai **pas** fait de sport hier.*
I didn't do any sport yesterday.

*Je **ne** suis **pas** allé(e) au centre sportif.*
I didn't go to the sports centre.

Other negative expressions:

ne... plus	no more/no longer	Je ne fume plus.
ne... jamais	never	Je ne joue jamais au rugby.
ne... rien	nothing	Ils ne font rien.
ne... personne	no-one, nobody	Elle n'aime personne.
ne... que	only	Il n'en reste que deux.
ne... aucun(e)	not any	Il n'en reste aucun.
ne... nulle part	nowhere	On ne va nulle part.
ne... ni... ni...	neither... nor...	Je n'aime ni le tennis ni le cricket.

In the <u>perfect tense</u>, the negative expression goes around *avoir* or *être*, except *ne... personne/aucun/que* where it goes round both parts of the verb:

*Je **n'ai jamais** joué au handball.*
I've never played handball.

*Il **n'a vu personne**.* He did not see anyone.

*Je **n'en ai acheté que** cinq.*
I've bought only five of them.

If you want to make an <u>infinitive</u> negative, the negative expression comes before the infinitive:

*Il a décidé de **ne plus jouer** au tennis.*
He decided to not play tennis any more.

*Il est important de **ne rien déranger**.*
It is important not to disturb anything.

7.26 Using *depuis* and *venir de*

depuis

Depuis means 'since' or 'for (a time)' in the past. If the action is still going on, use it with the present tense:

*Je **vais** à la pêche depuis l'âge de huit ans.*
I've been going fishing since I was eight.

*Elle **apprend** le français depuis six mois.*
She's been learning French for six months.

If the action lasted for some time but is now over, use *depuis* with the imperfect tense:

*J'**attendais** le bus depuis dix minutes.*
I had been waiting for the bus for 10 minutes.

venir de

Venir de in the present tense is used to convey the idea of something that <u>has just</u> happened:

*Je **viens** d'arriver.* I've **just** arrived.

*Elle **vient** de me le dire.* She's just told me.

*Nous **venons** d'apprendre la nouvelle.*
We've just heard the news.

Use the imperfect tense of *venir de* to say something <u>had just</u> happened:

*Je **venais** de finir mon dîner, quand...*
I had just finished my dinner, when...

8 Prepositions

8.1 *à, de*

Remember that when *à* or *de* come before a definite article (*le, la, l', les*), they may need to change:

	masc.	fem.	before vowel or silent h	masc. plural	fem. plural
à	au	à la	à l'	aux	aux
de	du	de la	de l'	des	des

*Je vais **au cinéma** une fois par mois.*
I go to the cinema once a month.

*J'adore aller **aux magasins** le week-end.*
I love going to the shops at the weekend.

*Le lycée se trouve en face **de l'hôtel**.*
The school is opposite the hotel.

*J'habite tout près **des magasins**.*
I live right near the shops.

8.2 Other prepositions

après	after
avant	before
avec	with
chez	at the house of
dans	in
depuis	for / since
derrière	behind
devant	in front of
en face de	opposite
en	in / by / on / to
entre	between
par	by / per
pendant	during
pour	for
près de	near
sans	without
sous	under
sur	on
vers	about / towards

Certain prepositions in French are used in the same way as their English equivalents:

*J'aime mieux partir **en** vacances **avec** mes copains.*
I prefer to go **on** holiday **with** my friends.

*Il est arrivé **à** l'aéroport **sans** passeport.*
He arrived **at** the airport **without** a passport.

However, in many cases, the choice of the correct preposition needs some thought, and a good dictionary can help here.

dans le train on the train; *sous la pluie* in the rain; *à la télévision* on the television

For holiday destinations, note the following:

- feminine countries require *en* for to/in:
  en France, en Hollande

- masculine countries take *au*:
  au Japon, au Canada

- masculine plurals take *aux*:
  aux Etats-Unis, aux Pays-Bas

- towns and islands take *à*:
  à Paris, à Madagascar

9 Conjunctions

Conjunctions (also called connectives) link parts of sentences. Some common ones are listed below.

mais	*but*
au contraire	*on the contrary*
par contre	*on the other hand*
pourtant, cependant, quand même	*however*
néanmoins, tout de même	*nevertheless*
car, comme, parce que, puisque	*for, since, because*
vu que	*seeing that*
d'autant plus que	*all the more since*
dans la mesure où	*insofar as*
d'ailleurs, de plus	*besides, moreover*
donc, alors, par conséquent	*and so, therefore*
en fait, en effet	*in fact*
bien sûr	*of course*
certes	*certainly*
d'abord	*first of all*
puis, ensuite	*then*
enfin	*finally*
de toute façon, en tout cas	*in any case*

10 Interrogatives

To ask a 'yes/no' question, you can:

- use rising intonation (*Vous aimez cette musique?*)

- start with *est-ce que* (*Est-ce que vous aimez cette musique?*)

- invert pronoun and verb (*Aimez-vous cette musique?*).

To ask for other information, you need an interrogative adverb, pronoun or adjective, as listed below.

quand	*when*	Quand est-ce qu'il arrive?
où	*where*	Où es-tu allé en vacances?
comment	*how*	Comment va-t-elle voyager?
combien	*how many / how much*	Combien de pages y a-t-il?
pourquoi	*why*	Pourquoi est-ce que tu fais ça?
qui	*who*	Qui va en ville?
que	*what*	Que dit-il?
quoi	*what (after a preposition)*	Avec quoi?
quel	*which, what*	Quels fruits aimez-vous?
lequel	*which one(s)*	Lequel préférez-vous?

Asking about people: 'who?'

Qui or *Qui est-ce qui* is used to ask about the <u>subject</u> of the verb:

Qui parle? Qui est-ce qui parle? Who's speaking?

Qui or *Qui est-ce que* is used to ask about the <u>object</u> of the verb:

Qui as-tu appelé? Qui est-ce que tu as appelé? Who did you call?

Asking about things: 'what?'

Qu'est-ce qui is used to ask about the <u>subject</u> of the verb:

Qu'est-ce qui est biodégradable? What is biodegradable?

Que or *Qu'est-ce que* is used to ask about the <u>object</u> of the verb:

Que faites-vous des déchets?/Qu'est-ce que vous faites des déchets?
What do you do with the rubbish?

Use *quoi* when the object of the sentence is preceded by a preposition:

*Vous le faites **avec quoi**?* What do you do that with?

Quoi is also used in *C'est quoi?* (What is it?), an informal alternative to *Qu'est-ce que c'est?*

Asking 'which?'

Quel is an adjective and must agree with the noun it qualifies: *quel, quelle, quels, quelles*.

A quelle heure...? At what time...?
En quelle année est-il né? In which year was he born?
Quels sports faites-vous? Which sports do you do?

Asking 'which one?'

Lequel must agree with the noun it represents: *lequel, laquelle, lesquels, lesquelles.*

Je cherche une auberge. Laquelle recommandez-vous? Which one do you recommend?

When *lequel* etc. follow *à* or *de*, they contract: see grid for *lequel* as a relative pronoun, page 108.

11 Word order: inversion of subject and verb

In French, the normal word order is: <u>subject</u> (a noun or pronoun) followed by <u>verb</u>:

On <u>va</u> en ville. We're going to town.

With some **question** forms, and following quotations in **direct speech**, there is inversion, i.e. the subject and the verb swap places. Between two vowels, add a *t* with hyphens:

« Où <u>va-t-on</u>? » <u>demanda-t-il</u>. 'Where are we going?' he asked.

« En ville » <u>répondit-elle</u>. 'To town,' she replied.

Some **adverbs** and **adverbial phrases** at the beginning of a clause trigger <u>subject-verb inversion</u>.

***Toujours* <u>est-il</u> qu'on risque de laisser des empreintes électroniques en se connectant.** Nevertheless, the fact remains that you might leave electronic fingerprints when you log on.

C'est risqué: **du moins** <u>peut-on</u> *se protéger des virus.* It's risky – at least you can protect yourself against viruses.

***En vain* <u>s'oppose-t-on</u> à la technologie.** In vain people are opposed to technology.

(Alternatively, you can often keep normal word order by placing the adverb later in the sentence: *On s'oppose* **en vain** *à la technologie.*)

In longer sentences, the subject may be repeated as a pronoun (*il/elle*, etc.) and that is inverted with the verb rather than the full subject:

***Rarement* les automobilistes <u>peuvent-ils</u> excéder la vitesse sans surveillance.** Motorists are rarely able to break the speed limit without being watched by cameras.

***Aussi* les systèmes de navigation par satellite en voiture <u>sont-ils</u> dangereux.** Therefore, satellite navigation systems in cars are dangerous.

With *peut-être* (perhaps) and *sans doute* (no doubt, of course) you have to either use inversion or add *que* and use normal word order. So in the following pairs, both sentences are correct:

Peut-être **augmenteront-ils** *la surveillance.*
Peut-être **qu'ils augmenteront** *la surveillance.*
Perhaps they'll increase surveillance.

Sans doute les avances **comportent-elles** *des problèmes aussi.*
Sans doute **que les avances comportent** *des problèmes aussi.*
No doubt, advances also bring problems.

12 Verb tables

		present	perfect	imperfect	future	conditional	subjunctive
REGULAR VERBS							
-er verbs **jouer** *to play*	je/j'	joue	ai joué	jouais	jouerai	jouerais	joue
	tu	joues	as joué	jouais	joueras	jouerais	joues
	il/elle/on	joue	a joué	jouait	jouera	jouerait	joue
	nous	jouons	avons joué	jouions	jouerons	jouerions	jouions
	vous	jouez	avez joué	jouiez	jouerez	joueriez	jouiez
	ils/elles	jouent	ont joué	jouaient	joueront	joueraient	jouent
-ir verbs **finir** *to finish*	je/j'	finis	ai fini	finissais	finirai	finirais	finisse
	tu	finis	as fini	finissais	finiras	finirais	finisses
	il/elle/on	finit	a fini	finissait	finira	finirait	finisse
	nous	finissons	avons fini	finissions	finirons	finirions	finissions
	vous	finissez	avez fini	finissiez	finirez	finiriez	finissiez
	ils/elles	finissent	ont fini	finissaient	finiront	finiraient	finissent
-re verbs **vendre** *to sell*	je/j'	vends	ai vendu	vendais	vendrai	vendrais	vende
	tu	vends	as vendu	vendais	vendras	vendrais	vendes
	il/elle/on	vend	a vendu	vendait	vendra	vendrait	vende
	nous	vendons	avons vendu	vendions	vendrons	vendrions	vendions
	vous	vendez	avez vendu	vendiez	vendrez	vendriez	vendiez
	ils/elles	vendent	ont vendu	vendaient	vendront	vendraient	vendent
reflexive verbs **s'amuser** *to enjoy yourself*	je	m'amuse	me suis amusé(e)	m'amusais	m'amuserai	m'amuserais	m'amuse
	tu	t'amuses	t'es amusé(e)	t'amusais	t'amuseras	t'amuserais	t'amuses
	il/elle/on	s'amuse	s'est amusé(e)(s)	s'amusait	s'amusera	s'amuserait	s'amuse
	nous	nous amusons	nous sommes amusé(e)s	nous amusions	nous amuserons	nous amuserions	nous amusions
	vous	vous amusez	vous êtes amusé(e)(s)	vous amusiez	vous amuserez	vous amuseriez	vous amusiez
	ils/elles	s'amusent	se sont amusé(e)s	s'amusaient	s'amuseront	s'amuseraient	s'amusent
IRREGULAR VERBS							
aller *to go*	je/j'	vais	suis allé(e)	allais	irai	irais	aille
	tu	vas	es allé(e)	allais	iras	irais	ailles
	il/elle/on	va	est allé(e)(s)	allait	ira	irait	aille
	nous	allons	sommes allé(e)s	allions	irons	irions	allions
	vous	allez	êtes allé(e)(s)	alliez	irez	iriez	alliez
	ils/elles	vont	sont allé(e)s	allaient	iront	iraient	aillent
avoir *to have*	je/j'	ai	ai eu	avais	aurai	aurais	aie
	tu	as	as eu	avais	auras	aurais	aies
	il/elle/on	a	a eu	avait	aura	aurait	ait
	nous	avons	avons eu	avions	aurons	aurions	ayons
	vous	avez	avez eu	aviez	aurez	auriez	ayez
	ils/elles	ont	ont eu	avaient	auront	auraient	aient
devoir *to have to / must*	je/j'	dois	ai dû	devais	devrai	devrais	doive
	tu	dois	as dû	devais	devras	devrais	doives
	il/elle/on	doit	a dû	devait	devra	devrait	doive
	nous	devons	avons dû	devions	devrons	devrions	devions
	vous	devez	avez dû	deviez	devrez	devriez	deviez
	ils/elles	doivent	ont dû	devaient	devront	devraient	doivent
dire *to say / to tell*	je/j'	dis	ai dit	disais	dirai	dirais	dise
	tu	dis	as dit	disais	diras	dirais	dises
	il/elle/on	dit	a dit	disait	dira	dirait	dise
	nous	disons	avons dit	disions	dirons	dirions	disions
	vous	dites	avez dit	disiez	direz	diriez	disiez
	ils/elles	disent	ont dit	disaient	diront	diraient	disent

		present	perfect	imperfect	future	conditional	subjunctive
être *to be*	je/j'	suis	ai été	étais	serai	serais	sois
	tu	es	as été	étais	seras	serais	sois
	il/elle/on	est	a été	était	sera	serait	soit
	nous	sommes	avons été	étions	serons	serions	soyons
	vous	êtes	avez été	étiez	serez	seriez	soyez
	ils/elles	sont	ont été	étaient	seront	seraient	soient
faire *to do / to* *make*	je/j'	fais	ai fait	faisais	ferai	ferais	fasse
	tu	fais	as fait	faisais	feras	ferais	fasses
	il/elle/on	fait	a fait	faisait	fera	ferait	fasse
	nous	faisons	avons fait	faisions	ferons	ferions	fassions
	vous	faites	avez fait	faisiez	ferez	feriez	fassiez
	ils/elles	font	ont fait	faisaient	feront	feraient	fassent
mettre *to put*	je/j'	mets	ai mis	mettais	mettrai	mettrais	mette
	tu	mets	as mis	mettais	mettras	mettrais	mettes
	il/elle/on	met	a mis	mettait	mettra	mettrait	mette
	nous	mettons	avons mis	mettions	mettrons	mettrions	mettions
	vous	mettez	avez mis	mettiez	mettrez	mettriez	mettiez
	ils/elles	mettent	ont mis	mettaient	mettront	mettraient	mettent
pouvoir *to be able to* */ can*	je/j'	peux	ai pu	pouvais	pourrai	pourrais	puisse
	tu	peux	as pu	pouvais	pourras	pourrais	puisses
	il/elle/on	peut	a pu	pouvait	pourra	pourrait	puisse
	nous	pouvons	avons pu	pouvions	pourrons	pourrions	puissions
	vous	pouvez	avez pu	pouviez	pourrez	pourriez	puissiez
	ils/elles	peuvent	ont pu	pouvaient	pourront	pourraient	puissent
prendre *to take*	je/j'	prends	ai pris	prenais	prendrai	prendrais	prenne
	tu	prends	as pris	prenais	prendras	prendrais	prennes
	il/elle/on	prend	a pris	prenait	prendra	prendrait	prenne
	nous	prenons	avons pris	prenions	prendrons	prendrions	prenions
	vous	prenez	avez pris	preniez	prendrez	prendriez	preniez
	ils/elles	prennent	ont pris	prenaient	prendront	prendraient	prennent
sortir *to go out*	je	sors	suis sorti(e)	sortais	sortirai	sortirais	sorte
	tu	sors	es sorti(e)	sortais	sortiras	sortirais	sortes
	il/elle/on	sort	est sorti(e)(s)	sortait	sortira	sortirait	sorte
	nous	sortons	sommes sorti(e)s	sortions	sortirons	sortirions	sortions
	vous	sortez	êtes sorti(e)(s)	sortiez	sortirez	sortiriez	sortiez
	ils/elles	sortent	sont sorti(e)s	sortaient	sortiront	sortiraient	sortent
venir *to come*	je	viens	suis venu(e)	venais	viendrai	viendrais	vienne
	tu	viens	es venu(e)	venais	viendras	viendrais	viennes
	il/elle/on	vient	est venu(e)(s)	venait	viendra	viendrait	vienne
	nous	venons	sommes venu(e)s	venions	viendrons	viendrions	venions
	vous	venez	êtes venu(e)(s)	veniez	viendrez	viendriez	veniez
	ils/elles	viennent	sont venu(e)s	venaient	viendront	viendraient	viennent
vouloir *to want*	je/j'	veux	ai voulu	voulais	voudrai	voudrais	veuille
	tu	veux	as voulu	voulais	voudras	voudrais	veuilles
	il/elle/on	veut	a voulu	voulait	voudra	voudrait	veuille
	nous	voulons	avons voulu	voulions	voudrons	voudrions	voulions
	vous	voulez	avez voulu	vouliez	voudrez	voudriez	vouliez
	ils/elles	veulent	ont voulu	voulaient	voudront	voudraient	veuillent

Glossaire

A

à son insu *without him/her knowing*
aboutir *to end up*
accepter de *to agree to*
accorder *to grant, to allow*
l' accueil (m) *reception, welcome*
accusé *accused*
actif *(of) working (age)*
actuel *topical*
un adhérent *member*
adhérer à *to join, to be a member of*
affamé *starving*
une agence d'intérim *temping agency*
alimenter *to feed*
alléger *to lessen, relieve*
un amant *lover*
améliorer *to improve*
une amende *fine*
une animatrice *sales / promotion staff*
apaiser *to quell, to appease*
arriver à *to manage to*
un asile *asylum*
une association caritative *charitable foundation, charity*
atteigne: *subj. of* atteindre *reach*
atteindre *to reach*
atteint *affected*
une atteinte *attempt, attack*
augmenter *to increase*
l' automobiliste (m/f) *motorist*
l' avidité (f) *greed*
avoir du mal à *to have dificulty in*
avoir la cote (fam.) *to be very popular / highly rated*
un ayant droit *a person entitled to something*

B

la balade *a walk*
la banlieue *suburb*
bannir *to banish*
le barrage *dam*
le/la bénévole *volunteer*
le beur *2nd generation North African living in France*
le bidonville *shanty town*
les biens (mpl) *goods, property*
biodégradable *biodegradable*
bosser (fam.) *to work*
le bouc émissaire *scapegoat*
bouleverser *to upset*
le brevet *certificate, diploma*
brûlé *burnt*
le BTS: Brevet de technicien supérieur *vocational training certificate taken after the age of 18*

C

le cadre *setting*
le cambriolage *burglary*
caritatif *charitable*
le CDD: contrat à durée déterminée *fixed-term contract*
le CDI: contrat à durée indéterminée *permanent contract*
cependant *however*
le charbon *coal*
la chasse *hunting*
chasser *to drive out*
le châtiment *punishment*
le chef de rayon *department supervisor*
le chiffon *rag*
le chiffre *figure*
le chômage *unemployment*
le chômeur *an unemployed person*
la chute d'eau *waterfall*
la cible *target*
ciblé sur *targeted at*
la circulation routière *road traffic*
citer *to quote*
le citoyen *citizen*
la citoyenneté *citizenship*
le clochard *tramp*
se coincer *to get stuck*
commencer par *to start by*
commettre *to commit*
compte tenu de *considering, in view of*
la conduite *driving*
confier *to entrust*
connu *well known*
consacré à *dedicated to*
la couche d'ozone *the ozone layer*
coupable *guilty*
le/la coupable *guilty person*
la cour d'appel *court of appeal*
la coutume *custom*
les crapules (fpl) *scum, riffraff*
la critique *criticism*
la croissance *growth*
croître *to grow*
la croix gammée *swastika*

D

davantage *more*
déboiser *to deforest*
la décennie *decade*
décevoir (pp. déçu) *to disappoint*
la déchéance *decline*
les déchets (mpl) *waste, refuse*
la déchetterie *rubbish tip*
le déchirement *tear, breakdown*
déclencher *to trigger*
le décryptage du génome *decoding of the human genome*
la défaite *defeat*
le défaut *fault*
défavorisé *underprivileged*
se défendre *to defend oneself*
la dégradation *worsening*
la délinquance *crime, criminality*
la délinquance juvénile *juvenile delinquency*
le délit *offence*
déménager *to move house*
le dénouement *outcome*
dépendant de *dependent on*
le déplacement *travel*
déprimant *depressing*
déranger *to disturb*
le déroulement *development*
désespéré *in despair*
désormais *from now on*
la détente *relaxation*
le discours *speech*
disloqué *disembodied*

disparaître *disappear*

disposer de *to have*

le dispositif *measure, arrangement*

dissuader *to deter*

diversifier *to diversify*

diviser *to divide*

le domicile *home*

les dommages et intérêts (mpl) *damages*

le/la dramaturge *dramatist, playwright*

les droits de l'homme (mpl) *human rights*

dû/due à *due to*

la durabilité *sustainability*

le durcissement *hardening*

la durée *period of time*

la durée déterminée *fixed term*

E

les eaux douces (fpl) *fresh water, lakes*

un écart *gap, difference*

une échelle *scale*

un écrivain *writer*

efficace *useful, efficient, effective*

s' efforcer d'apporter *to strive to provide*

un égout *sewer*

s' égrener *to range from*

élaborer *to set out*

s' éloigner *to move away*

émanant *emanating*

l' emballage (m) *packaging*

l' embarras (m) *problem, dilemma*

une embauche *employment, start, job*

(se faire) embaucher *to (get) employ(ment)*

un embouteillage *traffic jam*

embrasser *to kiss*

une émeute *riot*

émouvant *moving*

une empreinte écologique *carbon footprint*

s' empresser de *to be anxious to, to hasten to*

un emprunt *loan; borrowing*

s' en prendre à *to take it out on, to attack*

en proie à *victim of*

à l' encontre de *in the path of*

l' énergie éolienne (f) *wind power*

un engin *man-made device*

engorgé *overcrowded*

l' enjeu (m) *issue, stake*

l' ennui (m) *boredom*

s' enraciner *to take root*

enregistré *recorded*

entamer *to open up*

entraîner *to lead to, to bring about, to entail*

envahir *to invade*

envahissant *invading*

une éolienne *turbine*

l' épuisement (m) *exhaustion, running out*

épuiser *to use up*

une équipe *team*

équitable *fair*

l' ère industrielle (f) *industrial era*

l' esclavage (m) *slavery*

une espèce *species*

un espoir *hope*

étendu *spread out*

être à l'abri de *to be safe from*

être contraint de *to be forced to*

être déclenché *to be triggered off*

être prié de *to be requested to*

être pris à parti *to be picked on*

être soumis à *to be subject to*

éviter *to avoid*

en exil *in exile*

s' exprimer *to be expressed*

expulser *to expel*

F

le fabricant *manufacturer*

la faiblesse *weakness*

la faiblesse de leurs revenus *their low income*

se faire agresser *to be attacked*

faire bondir *to enrage*

faire grand bruit *to cause an outcry*

faire l'objet de *to be the subject of*

ferroviaire *using rail, railway (adj.)*

se ficher de (fam.) *not to give a damn about*

le fichier *file, data file*

fier / fière de *proud of*

la flambée des prix *price hike*

le fleuve *river*

fluvial *using rivers*

la fonction publique *public service*

la fonte des calottes glaciaires *melting of the ice caps*

les forces (fpl) de l'ordre *the police*

la foule *crowd*

fournir *to provide*

les frais (mpl) *expenses*

le frein *brake*

la fuite *escape*

G

le gamin *kid*

le gaspillage *waste*

gaspiller *to waste*

la génétique *genetics*

le genre *kind*

gérer *to manage, to conduct*

la gestion *management*

le goudron *tar*

gourmand *greedy*

la grande distribution *(chains of) supermarkets*

la grande surface *hypermarket*

le Grenelle *"round table" to bring organisations together*

grimper *to climb*

la guérison *cure*

H

s' habituer à *to get used to*

la haine *hatred*

héberger quelqu'un *to put someone up*

se heurter à *to bump into, to come up against*

hors *except for, apart from*

I

il en est de même pour *the same applies to*

il le vaut bien *he deserves it, he's worth it*

l' immédiateté (f) *immediacy*

important *significant*

s' imposer *to be assertive/ convincing*

les inactifs (mpl) *the numbers unemployed*

inadmissible *unacceptable*

l' inconnu (m) *the unknown*

inciter *to stir up*

inégalement *unequally*

l' inégalité (f) *inequality*

inépuisable *inexhaustible*
une infraction *breach, infringement*
l' inondation (f) *flood*
inscrire *to write*
l' inspection (f) du travail *occupational health and safety*
s' installer *to settle*
insuffisant *insufficient*
s' intégrer *to fit in*
l' interdiction de (f) *ban on, banning of*
l' interprétation (f) *performance*
l' intolérance (f) *intolerance*
l' intrigue (f) *plot*
à l' inverse *on the contrary*
l' issue (f) (à la dette) *the solution (to debt)*

J

jetable *disposable*
juif/juive *Jewish*

L

la licence *(university) degree; licence*
le licenciement *redundancy*
lié *linked*
le lieu *place*
le lieu de travail *workplace*
le littoral *shore, coast*
le/la locataire *tenant*
le logement *housing, accommodation*
la loi *law*
lointain *far away*
la longévité *long life*
le loup *wolf*
la lutte *struggle, fight*
lutter *to fight, to struggle*

M

malgré tout *in spite of everything*
le mammifère *mammal*
la manifestation *demonstration*
manifester *to protest*
la marche arrière *reverse (gear)*
la marée *tide*
marginaliser *to exclude from society*
le massif *mountain*
la méfiance *distrust*
à la même enseigne *in the same boat*

le mendiant *beggar*
mendier *to beg*
mépriser *to despise*
le metteur en scène *director (film, play)*
se mettre à *to start to*
mettre en place *to set up, to put in place*
le milieu *environment, setting*
le milliard *billion, thousand million*
la mise en œuvre *construction*
la mise en veille *putting on standby*
la mise en scène *production*
miser sur *to bank on, to count on*
la misère *extreme poverty*
le moindre déplacement *the least movement*
le/la musulman(e) *Muslim*

N

le naufrage *shipwreck*
le navire *ship*
négliger de *to neglect to*
négocier *to negotiate*
nuisible *harmful*

O

obsédé *obsessed*
s' occuper de *to deal with*
une ONG: organisation non gouvernementale *NGO, humanitarian organisation*
or *well, but, now*
s' opposer à *to oppose*
opprimer *to oppress*
l' ordre public (m) *law and order*
les ordures ménagères (fpl) *household waste*
un ours *bear*
un ouvrier *worker*

P

le paludisme *malaria*
le panneau *panel*
partager *to share*
parvenir *to succeed*
parvenir à *to manage to*
le patrimoine *heritage*
la pauvreté *poverty*
à peine *only just, barely, hardly*
la peine *punishment; sorrow*

percevoir *to earn*
périscolaire *outside school*
au petit matin *early in the morning*
le pétrole *oil, petroleum*
le personnage *character*
peuplé *populated*
la pièce (de théâtre) *play*
la plaisanterie *joke*
plus élevé *higher*
le point de repère *landmark*
la politique énergétique *energy policy*
la population active *active population*
les pourparlers (mpl) *talks, negotiations*
précaire *precarious, unsound*
préconiser *to recommend*
le préjugé *prejudice*
les pressions sociales (fpl) *social pressures*
la prestation sociale *social security benefit*
prévoir *to plan*
primordial *very important, fundamental*
aux prises avec *struggling against*
prison avec sursis *suspended sentence*
privé *private*
privé de *deprived of*
prôner *to preach*
les propos (mpl) haineux *hateful things/remarks*
proposer de *to suggest*
provenir: proviendra *to come from: will come from*
puiser *to draw from*
puissant *powerful*
putrescible *biodegradable*

Q

quant à *as for*
le quartier *area, neighbourhood*
quasiment *almost*
quotidien *daily*

R

la racine *root*
à rallonge *never-ending*
le rapport *relationship*
la raréfaction *scarcity*
ratifier *to ratify, to endorse*

le/la réalisateur/trice *(film) director*

le réchauffement *warming*

la récidive *reoffending*

récidiver *to reoffend*

la récolte *harvest*

réduire en morceaux *to smash to pieces*

le régime nutritionnel *diet*

en règle *in order*

le rejet *rejection*

rejeter *to throw away, to reject*

relever le défi *to raise the challenge*

remonter à *to reach*

renoncer à *to give up*

renouvelable *renewable*

répandu *widespread*

réparti *shared out*

le repatriement *repatriation*

le répit *respite, rest*

reporter sur *to transfer to*

la répression *punishment*

réprimer *to crack down on*

le/la responsable *manager, person in charge*

se ressembler *to resemble each other, to be the same*

rétablir *to restore*

la réunion *the meeting*

la réussite *success*

le révélateur *indicator*

le revenu *income*

les richesses (fpl) *wealth*

le robinet *tap*

le roman *novel*

rompre *to break, to upset*

les Roms *gypsies*

S

sache: *subj. of* savoir *know*

le sans-papiers *illegal immigrant*

scolariser *to educate*

le SDF: sans domicile fixe *homeless person*

la sécheresse *drought*

le semestre *term (of six months)*

sensible *aware, sensitive*

la serre *greenhouse*

servir à *to be used for / as*

le seuil *threshold*

le seuil de pauvreté *poverty line*

sévir *to be rife/rampant*

la sidérurgie *steel, steel industry*

soi *oneself*

souligner *to stress*

souscrire *to subscribe*

surgir *to arise*

supprimer *to do away with*

surmonter *to overcome*

surpeuplé *overcrowded*

T

taguer *to graffiti*

la taille *size*

le taux d'élucidation *clear-up rate*

le taux de chômage *unemployment rate*

téléguider *to remote control*

témoigner de *to indicate*

à temps partiel *part-time*

tenter *to attempt*

le terrain vague *waste land*

le théâtre *theatre; the scene*

le titre de séjour *residence permit*

touché par *affected by*

toucher *to earn*

d'une traite *without stopping on the way*

traité de racaille *branded as scum*

traiter de *to deal with*

la travée *aisle*

la trêve *truce*

trier *to sort, to separate out*

triste *sad*

le/la tsigane *gypsy*

tuer *to kill*

U

l' ubiquité (f) *being/going everywhere*

V

la vague *wave*

la veille *the night before*

en veille *in sleep / standby mode*

véritable *real*

la viande Halal *Halal meat*

le videur *bouncer*

viser *to aim at*

viser à *to aim / intend to*

la voie de dépassement *overtaking lane*

la voie publique *public highway*

voire *indeed, even*

le vol à la tire *pickpocketing*

vraisemblable *realistic*

Z

la zone frontalière *border zone*

Acknowledgements

The authors and publisher would like to thank the following for permission to reproduce material:

pp10, 18, 20 © Extracts from *Ecologuide de A à Z*, 2004, Fondation Nicolas Hulot pour la Nature et l'Homme, www.fnh.org; p10 www.ecologie.gouv.fr/IMG/pdf/charte_environnement-2.pdf; pp11, 12 © Greenpeace, www.greenpeace.fr; p15 Thanks to LCI.fr, http://tf1.lci.fr/infos/sciences/environnement/0,,3470555,00-voitures-ecolo-libre-service-paris-.html, March 2007; p22 Article by Sciama, Y. and Delbecq, S. in *Science et vie Hors 240*, Mondadori France; p26 Association Passerelle Éco d'Éducation à l'Écologie Pratique, http://www.passerelleco.info/article.php?id_article=314, source: http://empreinte.kiosq.info, 2007; p28 © WWF, http://www.wwf.fr/s_informer/nos_missions/especes_menacees, 2007; p30 © AFP, www.jeunesdumaroc.com/breve6733.html, 2007; p34 based on INSEE, www.insee.fr/fr/ffc/docs_ffc/IP1042.pdf; p35 (centre) Courtesy of UNHCR, (top) Courtesy of France Terre d'Asile; p36 www.lepost.fr, 18 Sept 2007; p38 www.legrandsoir.info, 11 Nov 2007; p42 www.lexpress.fr, 17 Nov 2005; p46 Insee Première, No. 1042, Sept. 2005; p52 Platat, S. from www.liberation.fr © Libération, 6 July 2007; p54 Based on article by Falila Gbadamassi, www.afrik.com/article10762.html, 2007; pp60, 66, 69, 74, 78 Mermet, G., *Francoscopie 2007*, © Larousse 2006; p60 (rates of unemployment) Perspectives de l'emploi de L'OCDE - Edition 2008, OECD 2008, www.oecd.org/els/emploi/perspectives; p62 (top left) © Phillippe Bécquelin, DACS 2008, (top right) Courtesy of UNICEF, (centre) Courtesy of Médecins Sans Frontières, (bottom) Courtesy of Oxfam; p62 Unicef France, http://www.unicef.fr/accueil/decouvrir/unicef-france/qui-sommes-nous-/var/lang/FR/rub/593.html, 2007; p62 Médecins sans frontières, http://notes1.msf.fr/site/site.nsf/pages/decouvrir, 2007; p62 www.oxfamfrance.org, 2007; pp68, 70 Premier ministre - service d'information du Gouvernement, http://www.premier-ministre.gouv.fr/acteurs/gouvernement/conseils_ministres_35/conseil_ministres_23_janvier_1261/les_resultats_lutte_delinquance_59000.html, 2007; p70 http://www.linternaute.com/actualite/interviews/07/jean-philippe-arlaud-delinquance/jean-philippe-arlaud-cout-de-la-delinquance.shtml

pp18, 28, 70,76 (top), 77 © Stephen Elford Illustration

Front cover photograph courtesy of Photolibrary/ Digital Vision

Photographs:
p6 Getty Images; p9 (top & 16) © lazortech. Image from BigStockPhoto.com, (bottom) © Thaut Images – Fotolia.com; p10 © iStockphoto.com / salihguler; p11 (top) © Leslee Miller. Image from BigStockPhoto.com, (left) © REUTERS/Tomas Bravo, (right) © REUTERS/STRINGER Mexico; p12 (top left) © Norman Pogson – Fotolia.com, (top right) © FlemishDreams – Fotolia.com, (bottom left) © Carl Durocher. Image from BigStockPhoto.com, (bottom right) © Valentin Mosichev – Fotolia.com; p13 (far left) © Anyka – Fotolia.com, (left) © iStockphoto.com / Guillaume Dubé, (right) © iStockphoto.com / Patryk Galka, (far right) © Brian Weed. Image from BigStockPhoto.com; p14 © Michael Wilkens – Fotolia.com; p15 (top) © iStockphoto.com / Tony Kwan, (bottom) © Art Kowalsky / Alamy; p17 (top) © iStockphoto.com / Svetlana Tebenkova, (bottom) © Jason Smith. Image from BigStockPhoto.com; p19 (left) © iStockphoto.com / Kevin Russ, (centre) © iStockphoto.com / RichVintage, (right) © iStockphoto.com / Tom Marvin; p20 (left) © iStockphoto.com / Kathy Steen, (right) © iStockphoto.com / Alexander Hafemann; p21 © iStockphoto.com / Dorota Michalec; p22 (top & 24) © Marzanna Syncerz – Fotolia.com, (left) © Ashley Cooper / Alamy; p23 © iStockphoto.com / Peter Eckhardt; © iStockphoto.com / Svetlana Tebenkova; p25 (top & 32) © iStockphoto.com / Domenico Pellegriti, (bottom) © Tatiana Markow / Sygma / Corbis; p28 (top) © iStockphoto.com / Damien Richard, (bottom) © Goos_Lar – Fotolia.com; p29 ©

iStockphoto.com / Alex Rowland; p30 © Liu Liqùn / Corbis; p31 © Ralph Loesche. Image from BigStockPhoto.com; pp33 & 40 © David R. Frazier Photolibrary, Inc. / Alamy; p34 © iStockphoto.com / Catherine Yeulet; p35 (bottom) © Jean Ayissi / AFP / Getty Images; p36 © SOS Racisme; p37 (top) © iStockphoto.com / Sarah Howling, (left) © iStockphoto.com / Lewis Wright, (right) © tose – Fotolia.com; p38 © Olivier Laban-Mattei / AFP / Getty Images; p39 (top) Courtesy of Paul Watson, (bottom) © iStockphoto.com / Vladimir Mucibabic; p41 (top & p48) © Michael Thompson. Image from BigStockPhoto.com, (bottom) © iStockphoto.com / Aldo Murillo; p42 © David Turnley / Corbis; p43 (A) © Reuters / Benoit Tessier, (B) © Emmanuel Dunand / AFP / Getty Image, (C) © Sipa Press / Rex Features; p44 © Sipa Press / Rex Features; p45 © Martin Bureau / AFP / Getty Images; p46 © iStockphoto.com / Bonnie Jacobs; p47 Courtesy of Réseau Éducation Sans Frontières; pp49 and 56 © Reuters / Eric Gaillard; p50 © iStockphoto.com / Don Bayley; p51 © iStockphoto.com / Chris Schmidt; p52 © Alix / Phanie / Rex Features; p53 (left) © Mehmet Dilsiz. Image from BigStockPhoto.com, (right) © iStockphoto.com / Lisa Kyle Young; p54 (left) © LICRA, (right) courtesy of Olivier Fellmann; p55 © iStockphoto.com / Loic Bernard; pp57 & 64 © Mike Goldwater / Alamy; p58 © iStockphoto.com / Leon Bonaventura; p59 © Jacques Brinon / AP / PA Photos; p61 (top left) © iStockphoto.com / bobbieo; (top right) © iStockphoto.com / Dianne Maire, (bottom) © Paul Prescott; p63 © UN Photo / Eskinder Debebe; p65 (top & p72) © iStockphoto.com / Douglas Kim, (bottom) © 2008 Jupiterimages Corporation; p67 © iStockphoto.com / René Mansi; p68 (top) © Reuters / Stringer France, (middle left) © LanaK – Fotolia.com, (bottom) © ChristianSchwier.de – Fotolia.com; p69 © iStockphoto.com / Andrejs Zemdega; p70 © Sipa Press / Rex Features; p71 (top) © iStockphoto.com / Luke Daniek, (middle right) © iStockphoto.com / Anna Bryukhanova, (bottom) © Gianni Muratore / Alamy; p73 (top & p80) © rgbspace – Fotolia.com, (bottom) © ESA; p75 © iStockphoto.com / Chris Schmidt; p79 © iStockphoto.com / Joseph Luoman; p81 © Martine Coquilleau – Fotolia.com, (background) © iStockphoto.com / Robert Hill, (right) © The Gallery Collection / Corbis, (middle) © iStockphoto.com / Liza McCorkle; p82 (top left) © Valery Hache / AFP / Getty Images, (top right) © iStockphoto.com / Arpad Benedek, (bottom left) © 2008 123RF Limited, (bottom right) © Marc Rigaud – Fotolia.com; p83 (top) © iStockphoto.com / Andreas Karelias, (bottom) © F1online digitale Bildagentur GmbH / Alamy; p84 (top) © Patrice Collet. Image from BigStockPhoto.com, (background) © Richard Bouhet / AFP / Getty Images; p85 © Michael Klinec / Alamy; p86 (top) © Alain Nogues / Corbis Sygma, (centre) © Popperfoto / Getty Images, (bottom) © Bettmann / Corbis; p87 © Interfoto Pressebildagentur / Alamy; p88 (top) © Photos 12 / Alamy, (centre) © Dusan Ponist. Image from BigStockPhoto.com, (bottom) © iStockphoto.com / Dana Ceclan; p89 (top) © AFP/Getty Images, (right) © Phil Date. Image from BigStockPhoto.com; p90 (top right) © Lipnitzki / Roger Viollet / Getty Images, (lower right) © Popperfoto / Getty Images, (bottom) © Ulf Andersen / Getty Images, (top left) © ullsteinbild / TopFoto; p91 © Warner Bros. / The Kobal Collection / Calvo, Bruno; p92 © AFP / Getty Images; p93 (top) © AFP / Getty Images, (lower) © Harcourt Publishers; p94 (top) © Morell Jacques / Corbis KIPA, (centre) © Popperfoto / Getty Images, (bottom) © Josch / AFP / Getty Images; p95 (top) © Dominique Faget / AFP / Getty Images, (bottom) © Fethi Belaid / AFP / Getty Images; p96 (top) © Lipnitzki / Roger Viollet / Getty Images, (bottom) © Mary Evans Picture Library / Alamy; p97 (top) © AFP / Getty Images, (bottom) © iStockphoto.com / René Mansi, (right) © Pimentel Jean / Collection Corbis KIPA; p98 (top) © Humberto Olarte Cupas / Alamy, (bottom) © Roger Viollet / Getty Images; p99 (top) © Philippe Wojazer / AFP / Getty Images, (bottom) © Rene Drouyer. Image from BigStockPhoto.com; p100 (top) © Christian Jakubaszek / Getty Images, (bottom) © Thierry Zoccolan / AFP / Getty Images; p101 (left) © Tim Clary / AFP / Getty Images, (right) © National Gallery of Scotland / Getty Images